Anouk Tenbrink

Die Datenschutz-Grundverordnung und ihre Richtlinien für den Beschäftigtendatenschutz

"Bring Your Own Device" in der Praxis

Bibliografische Information der Deutschen Nationalbibliothek:

Die Deutsche Nationalbibliothek verzeichnet diese Publikation in der Deutschen Nationalbibliografie; detaillierte bibliografische Daten sind im Internet über http://dnb.d-nb.de abrufbar.

Impressum:

Copyright © Studylab 2019

Ein Imprint der Open Publishing GmbH, München

Druck und Bindung: Books on Demand GmbH, Norderstedt, Germany

Coverbild: Open Publishing GmbH | Freepik.com | Flaticon.com | ei8htz

Inhaltsverzeichnis

Abkürzungsverzeichnis

Abs.	Absatz
AEUV	Vertrag über die Arbeitsweise der Europäischen Union
AGB	Allgemeine Geschäftsbedingungen
Alt.	Alternative
Anm.	Anmerkung
AuA	Arbeit und Arbeitsrecht (Zeitschrift)
Buchst.	Buchstabe
BGB	Bürgerliches Gesetzbuch
BGH	Bundesgerichtshof
BDSG	Bundesdatenschutzgesetz
BDSG aF	Bundesdatenschutzgesetz alte Fassung
BDSG nF	Bundesdatenschutzgesetz neue Fassung
BeckOK	Beck'scher Online-Kommentar
BetrVG	Betriebsverfassungsgesetz
bspw.	Beispielsweise
BYOD	Bring Your Own Device
Bzgl.	Bezüglich
Bzw	Beziehungsweise
ca.	Circa
COPE	Corporate Owned Personally Enabled
CR	Computer und Recht (Zeitschrift)
CYOD	Choose Your Own Device
DB	Der Betrieb (Zeitschrift)
d.h.	Das heißt
DS-GVO	Verordnung (EU) 2016/679 vom 27.04.2016 zum Schutz natürlicher Personen bei der Verarbeitung personenbezogener Daten, zum freien Datenverkehr (Datenschutz-Grundverordnung)

DS-GVO-E (KOM)	Vorschlag für die Verordnung von der Kommission
DSRL	Richtlinie 95/46/EG vom 24.10.1995 zum Schutz natürlicher Personen bei der Verarbeitung personenbezogener Daten und zum freien Datenverkehr
DuD	Datenschutz und Datensicherheit (Zeitschrift)
EG	Erwägungsgrund
EU	Europäische Union
EuGH	Europäischer Gerichtshof
EUZA	Europäische Zeitschrift für Arbeitsrecht
f.	(die) folgende
ff.	(die) folgenden
Ggf.	Gegebenenfalls
gem.	Gemäß
GrCH	Grundrechtecharta
Grds.	Grundsätzlich
Hdb	Handbuch
Hs.	Halbsatz
i.S.d.	im Sinne der/des
i.S.v.	im Sinne von
ITRB	Der IT-Rechts-Berater (Zeitschrift)
i.V.m.	in Verbindung mit
Kap.	Kapitel
Komt.	Kommentar
Lit.	Littera
MDM	Mobile Device Management
MüKo	Münchener Kommentar
NJW	Neue Juristische Wochenschrift (Zeitschrift)
Nr.	Nummer

NZA	Neue Zeitschrift für Arbeitsrecht (Zeitschrift)
RL	Richtlinie
Rn	Randnummer
s.	siehe
S.	Seite/Satz
sog.	so genannte(r)
usw.	und so weiter
Urt.	Urteil
v.	vom
vgl.	vergleiche
z.B.	zum Beispiel
ZD	Zeitschrift für Datenschutz (Zeitschrift)
ZESAR	Zeitschrift für europäisches Sozial- und Arbeitsrecht (Zeitschrift)
Zit.	zitiert

1 Einleitung

In einer Welt, in welcher das Internet im normalen Alltag nicht mehr wegzudenken ist, ist die Erhebung, Auswertung und Verarbeitung von Daten immer einfacher geworden. Daten zählen mit zu den wichtigsten Gütern, da sie für die Unternehmen wichtige Verhaltensmuster aufdecken. Dies eröffnet jedoch die Gefahr des Kontrollverlustes über die eigenen Daten und damit der Verlust der Privatsphäre. Dies zeigt auch eine Studie zum Europäischen Datenschutztag, welche feststellte, dass ca. 50% der Befragten nicht das Gefühl haben, im Internet die Kontrolle über ihre persönlichen Daten zu haben. Deshalb war für 92% der Befragten der generelle Schutz ihrer persönlichen Daten wichtig.[1]

Dem Schutz von natürlichen Personen bei der Verarbeitung personenbezogener Daten kommt innerhalb der EU durch Art. 8 GrCh und Art. 16 AEUV grundrechtlicher Charakter zu. Um diesem Recht in der heutigen Zeit gerecht zu werden, hat die EU im Jahr 2016 die Datenschutz-Grundverordnung verabschiedet und damit die Datenschutzrichtlinie aus dem Jahr 1995 abgelöst.[2]

Ein Teil des Datenschutzes war in der Vergangenheit stets ein Problemthema: der Beschäftigtendatenschutz. Die DSRL enthielt keine spezifischen Vorschriften zum Beschäftigtendatenschutz und auch in Deutschland wurde dieses Thema erst 2009 ziemlich allgemein im BDSG mit aufgenommen.[3] Während des Arbeitsverhältnisses sammelt der Arbeitgeber jedoch einige persönliche Daten über den Arbeitnehmer, welche er beispielsweise für die Gehaltsabrechnung benötigt. Hinsichtlich der vielen Arbeitnehmer in Deutschland stellt der richtige Umgang von Beschäftigtendaten einen wichtigen Teil im Datenschutz dar, welcher nicht unbeachtet bleiben darf.[4]

Im Folgenden soll aufgezeigt werden, wie sich der Beschäftigtendatenschutz durch die neue DS-GVO geändert hat und was dies für den deutschen Beschäftigtendatenschutz bedeutet. Außerdem werden die datenschutzrechtlichen Hindernisse hinsichtlich des Praxisbeispiels „Bring Your Own Device" aufgezeigt und inwieweit sich diese durch die DS-GVO geändert haben.

---

[1]   SINUS-Institut, Umfrage zum Europäischen Datenschutztag, 28.01.2018.
[2]   Vgl. Franzen, EuZA 2017, 313 (315).
[3]   Riesenhuber in: BeckOK, Datenschutzrecht, Art.88, Rn.2 f.
[4]   Vgl. Imping in Kilian/Heussen, Computerrechts-Handbuch, 70.9, Rn.4 f.

2 Die Datenschutzgrundverordnung

2.1 Ausgangslage der DS-GVO

Am 25.01.2012 schlug die Europäische Kommission eine grundlegende Reform der EU-Datenschutzvorschriften von 1995 vor. Das Ziel dieser Reform ist es, die Rechte des Einzelnen auf Wahrung der Privatsphäre im Internet zu stärken und gleichzeitig die digitale Wirtschaft Europas anzukurbeln. Die DS-GVO wurde am 12.03.2014 mit großer Mehrheit vom Europäischen Parlament verabschiedet. Am 15.12.2015 erzielten das Europäische Parlament, der Rat und die Kommission eine Einigung bezüglich der DS-GVO, welche am 27.04.2016 veröffentlicht wurde. Seit dem 25.05.2018 gilt die Datenschutz-Grundverordnung in allen EU-Mitgliedsstaaten unmittelbar.[5]

2.2 Beschäftigtendatenschutz in der DS-GVO

Wie und in welcher Form der Beschäftigtendatenschutz in der DS-GVO umgesetzt werden sollte, gehörte wohl zu den umstrittensten Themen in der gesamten DS-GVO. So hatte das Europäische Parlament einen ausführlichen Katalog mit konkreten Mindeststandards gefordert. Dieser Forderung folgte jedoch ein enormer Widerstand der Mitgliedsstaaten, da deren Vorstellungen vom Beschäftigtendatenschutz offenbar noch weit auseinanderliegen. Dies liegt zum einen an den verschiedenen nationalen Abwägungsprozessen im Arbeitsrecht und zum anderen an der ohnehin schon teilweise festgefahren Konfliktsituation zum Datenschutz im Beschäftigtenverhältnis.[6]

Da hinsichtlich des Beschäftigtendatenschutzes keine Einigung möglich war, handelt es sich bei Art. 88 DS-GVO um eine typische Kompromissregelung, weshalb man sich für eine Öffnungsklausel entschieden hat.[7] Art. 88 DS-GVO ermöglicht den Mitgliedsstaaten spezifischere mitgliedstaatliche Regelungen zum Beschäftigtendatenschutz zu erlassen.

---

[5] Der Europäische Datenschutzbeauftrage: Entwicklungsgeschichte der Datenschutz-Grundverordnung.

[6] Albrecht/Jotzo, Das neue Datenschutzrecht der EU, Teil 9,Kapitel C,Rn.6; Tiedemann in: Sydow, Europäische Datenschutzgrundverordnung, Art.88,Rn.3.

[7] Tiedemann in: Sydow, Europäische Datenschutzgrundverordnung, Art.88,Rn.3.

2.3 Die Öffnungsklausel Artikel 88 DS-GVO

Art. 88 DS-GVO ermöglicht den Mitgliedstaaten einen gewissen Regelungsspielraum. Dies führt jedoch zu einigen Problemen bei der Auslegung von Art. 88 DS-GVO.[8]

2.3.1 Optionale Öffnungsklausel

Bei Art. 88 DS-GVO handelt es sich um eine optionale Öffnungsklausel. Das bedeutet, dass es den Mitgliedstaaten durch Art. 88 DS-GVO freigestellt ist, spezifischere Vorschriften zum Beschäftigtendatenschutz zu erlassen, dies jedoch nicht als Pflicht verstanden wird. Vielmehr war die EU der Auffassung, dass die Vorschriften der DS-GVO bereits ausreichende Regelungen enthalten, welche auch den Beschäftigtenkontext mit abdecken.[9]

2.3.2 Anwendungsbereich der Öffnungsklausel

Art. 88 DS-GVO gilt für personenbezogene Beschäftigtendaten im Beschäftigtenkontext. Hierfür muss sowohl der personelle Anwendungsbereich vorliegen, womit es sich um personenbezogene Beschäftigtendaten handeln muss, als auch der sachliche Anwendungsbereich, wonach diese im Beschäftigtenkontext verarbeitet werden müssen.

2.3.3 Personeller Anwendungsbereich

Bei den Daten muss es sich gem. Art. 88 DS-GVO um personenbezogene Beschäftigtendaten handeln. Der Begriff des Beschäftigten ist jedoch in der DS-GVO nicht genauer definiert und stellt somit eines der Auslegungsprobleme von Art. 88 DS-GVO dar.[10]

Bis kurz vor der endgültigen Fassung der DS-GVO wurde noch in allen Texten der Begriff „Arbeitnehmerdaten" verwendet.[11] Grundsätzlich geht der EuGH davon aus, dass es im Unionsrecht keinen einheitlichen Arbeitnehmerbegriff gibt und die Bedeutung des Begriffes jeweils vom Anwendungsbereich der bestimmten Vorschrift

---

[8] Maschmann in: Kühling/Buchner, DS-GVO BDSG, Art. 88, Rn.1.

[9] Riesenhuber in: BeckOK, Datenschutzrecht, Art.88,Rn.45.

[10] Pauly in: Paal/Pauly, DS-GVO BDSG, Art.88, Rn.7.

[11] Pötters in: Gola, Datenschutz-Grundverordnung, Art. 88, Rn.10.

abhängt.[12] Allgemein befürwortet der EuGH eine weite Auslegung des Arbeitnehmerbegriffs, wonach für die Arbeitnehmereigenschaft maßgeblich ist, dass „jemand während einer bestimmten Zeit für einen anderen nach dessen Weisungen Leistungen erbringt, für die er als Gegenleistung eine Vergütung erhält".[13] Fraglich ist, ob diese weite Auslegung auch auf den Begriff des Beschäftigten in Art. 88 DS-GVO zutreffend ist.

Die in Art. 88 Abs. 1 DS-GVO genannten Beispiele haben einen sehr starken Bezug zum herkömmlichen Arbeitsverhältnis, wobei der Umfang und die nähere Ausgestaltung des Arbeitsvertrags keine Rolle spielen. Somit umfasst der Begriff des Beschäftigten sowohl Arbeitnehmer, egal ob in Vollzeit-oder Teilzeit oder befristet oder unbefristet, sowie zur Ausbildung Beschäftigte.[14] Außerdem wird in Art. 88 Abs.1 DS-GVO auch von Einstellungszwecken gesprochen, was grundsätzlich auch Bewerber berücksichtigt.[15] Des Weiteren wird im Unionsrecht generell nicht zwischen privatrechtlichen Arbeitsverhältnissen und öffentlich-rechtlich geprägten Arbeitsverhältnissen unterschieden, was Beamte, Richter und Soldaten ebenfalls miteinschließt.[16] Da alle Beispiele in Art. 88 Abs. 1 DS-GVO auf die Situation eines herkömmlichen Arbeitsverhältnisses, und damit auf die Abhängigkeit des Arbeitnehmers vom Arbeitgeber, abstellen, fallen freie Mitarbeiter, Selbstständige und arbeitnehmerähnliche Personen regelmäßig nicht unter die Öffnungsklausel gem. Art. 88 DS-GVO.[17]

2.3.3.1 Sachlicher Anwendungsbereich

Die personenbezogenen Daten über die Beschäftigten müssen im Beschäftigungskontext verarbeitet werden. Der Begriff Beschäftigungskontext ist ebenfalls in der DS-GVO nicht näher definiert worden.[18] Anhand der Verarbeitungszwecke in Art. 88 Abs. 1 DS-GVO lässt sich vermuten, dass der Begriff dahin gehend auszulegen ist, dass die Datenverarbeitung im Zusammenhang mit einem künftig

---

12 Maschmann in: Kühling/Buchner, DS-GVO BDSG, Art. 88, Rn.11.
13 EuGH Urt. v. 11.11.2015, C-422/14, Curia, Rn. 29 ff.
14 Selk in: Ehmann/Selmayr, Datenschutz-Grundverordnung, Art.88, Rn.32; Maschmann in: Kühling/Buchner, DS-GVO BDSG, Art.88, Rn.14.
15 Tiedemann in: Sydow, Europäische Datenschutzgrundverordnung, Art. 88, Rn.4.
16 Selk in: Ehmann/Selmayr, Datenschutz-Grundverordnung, Art.88, Rn.34; Tiedemann in: Sydow, Europäische Datenschutzgrundverordnung, Art. 88, Rn.4.
17 Selk in: Ehmann/Selmayr, Datenschutz-Grundverordnung, Art.88, Rn.34.
18 Pötters in: Gola, Datenschutz-Grundverordnung, Art.88, Rn.9.

beabsichtigten, einem bestehenden oder einem früheren Beschäftigungsverhältnis stehen muss.[19] Die Aufzählungen in Art. 88 Abs. 1 DS-GVO betreffen bereits einen großen Bereich, welcher die meisten aktuell geltenden Regelungen zum Beschäftigtendatenschutz abdeckt. Dass diese Aufzählungen nicht abschließend sind, zeigt der Wortlaut „insbesondere".[20]

Fraglich bleibt, ob hier jeder Kontext zu einer Beschäftigung ausreicht oder ob dieser gewisse Qualitäten mitsichbringen muss. Dass der Begriff Beschäftigtenkontext in Art. 88 DS-GVO nicht näher beschrieben wird, spricht für eine weite Auslegung, weshalb auch ein geringer Kontext zur Beschäftigung bereits ausreicht.[21] Aus der weiten Auslegung des Begriffs erfolgt weiterhin, dass die Mitgliedsstaaten auch angrenzende Themen regeln dürfen, welche einen Bezug zur Beschäftigung haben, wie etwa die Videoüberwachung von Beschäftigten.[22]

2.3.4 Regelungsinstrumente

2.3.4.1 Rechtsvorschriften

Unter Rechtsvorschriften sind gem. Erwägungsgrund (EG) 41 S. 1 zur DS-GVO nicht nur Gesetze im formellen Sinne gemeint, sondern auch Gesetze im materiellen Sinn wie beispielsweise Rechtsverordnungen.[23] Voraussetzung hierfür ist jedoch gem. EG 41 S.2 zur DS-GVO, dass die Rechtsgrundlage klar ist und in ihrer Anwendung für den Rechtsunterworfenen vorhersehbar ist. Dies liegt nach der Rechtsprechung des EuGH dann vor, wenn der Rechtsunterworfene fähig ist von seinen Rechten Kenntnis zu nehmen und diese ebenfalls vor Gerichten geltend zu machen.[24]

2.3.4.2 Kollektivvereinbarungen

Die einzelnen Mitgliedstaaten können neben Rechtsvorschriften auch durch Kollektivvereinbarungen spezifischere Vorschriften zum Beschäftigtendatenschutz

---

19 Tiedemann in: Sydow, Europäische Datenschutzgrundverordnung, Art. 88, Rn.6.

20 Pötters in: Gola, Datenschutz-Grundverordnung, Art.88, Rn.9.

21 Selk in: Ehmann/Selmayr, Datenschutz-Grundverordnung, Art.88, Rn.39.

22 Riesenhuber in: BeckOK, Datenschutzrecht, Art.88, Rn.54; Selk in: Ehmann/Selmayr, Datenschutz-Grundverordnung, Art.88, Rn.40.

23 Vgl. Maschmann in: Kühling/Buchner, DS-GVO BDSG, Art.88, Rn.23.

24 EuGH Urt. v. 30.05.1991 – C-361/88, EuZW 1991, 440, Rn.15; EuGH Urt. v. 20.03.1996- C-96/95, NVwZ 1998, 48 Rn.35.

schaffen. Die Übertragung dieser mitgliedsstaatlichen Regelungsbefugnisse auf Kollektivvereinbarungen ist äußerst umstritten.[25]

So ist unter anderem Prof. Dr. Marita Körner der Auffassung, dass diese Übertragung den europäischen Beschäftigtendatenschutz sehr zersplittern würde.[26]

Andere sind jedoch der Auffassung, dass betriebliche Datenschutzregelungen erhebliche Vorteile mit sich bringen, da diese viel präziser und anlassbezogener seien, als allgemeine Generalklauseln des Gesetzgebers.[27]

Diese zweite Auffassung ist bevorzugt zu behandeln, da die Arbeitnehmer durch maßgeschneiderte Regelungen innerhalb eines Betriebes besser und individueller geschützt werden können. Bezüglich der zu befürchteten Zersplitterung dürfen, die Betriebsvereinbarungen für die Betriebsparteien ohnehin keinen Sonderstatus darstellen, da sie sich weiterhin an die Vorgaben der DS-GVO halten müssen.[28]

Der Begriff der Kollektivvereinbarung ist in der DS-GVO nicht definiert. Er ist autonom im unionsrechtlichen Sinne zu verstehen und entscheidend für Art. 88 DS-GVO ist es, dass dem Arbeitgeber durch die Kollektivvereinbarung ein Recht zur Verarbeitung von Beschäftigtendaten eingeräumt wird.[29]

2.3.5 Vorgaben für mitgliedstaatliche Regelungen

Die inhaltlichen Vorgaben des Art. 88 Abs. 1 DS-GVO für das nationale Beschäftigtendatenschutzrecht bestehen insbesondere darin, dass es gegenüber der DS-GVO „spezifischere Vorschriften" enthalten soll, welche durch Art. 88 Abs. 2 DS-GVO konkretisiert werden.

2.3.5.1 Spezifischere Vorschriften gem. Art. 88 Abs. 1 DS-GVO

Unter spezifischeren Vorschriften versteht man solche Vorschriften, die den Beschäftigungskontext kennzeichnen, prägen oder konkretisieren.[30]

Wie der Begriff „spezifischere Vorschriften" auszulegen ist, stellt ein weiteres Problem hinsichtlich der Auslegung von Art. 88 DS-GVO dar, welche in der Literatur

---

[25] Maschmann in: Kühling/Buchner, DS-GVO BDSG, Art.88,Rn.24.
[26] Körner, ZESAR 2013,153, Fn.61.
[27] Wybitul/Sörup/Pötters, ZD 2015,559 (560);Forst, NZA 2012,364 (367).
[28] Vgl. Körner, NZA 2016, 1383 (1385); Kort, ZD 2016, 555 (557).
[29] Maschmann in: Kühling/Buchner, DS-GVO BDSG, Art.88,Rn.26.
[30] Wybitul/Pötters, RDV 20161, 10 (13); Pauly in: Paal/Pauly, DS-GVO BDSG, Art.88, Rn.3.

höchst umstritten ist. Eine Ansicht vertritt die Meinung, dass der Ausdruck „spezifischere Vorschriften" einen Mindeststandard darstelle und die Mitgliedsstaaten das Schutzniveau auch erhöhen dürfen.[31] Die Gegenansicht ist jedoch der Meinung, dass „spezifischere Vorschriften" so auszulegen sei, dass für den Beschäftigtendatenschutz das Prinzip der Vollharmonisierung gelte und den Mitgliedstaaten lediglich Konkretisierungsmöglichkeiten eingeräumt würden.[32]

2.3.5.1.1 Mindeststandard

Nach Auffassung der ersten Meinung sei der Begriff „spezifischere Regelungen" zum Beschäftigtendatenschutz lediglich als Mindeststandard zu verstehen. Der Hauptgrund für diese Art der Auslegung sei hauptsächlich der Wortlaut. Spezifischere Regelungen seien als solche zu verstehen, die sich von den allgemeinen Vorschriften dahin gehend unterscheiden, dass sie unter Beachtung der Grundregeln der DS-GVO für den Beschäftigtendatenschutz eigene Regelungen ergänzen. Da der Beschäftigtendatenschutz, abgesehen von Art. 88 DS-GVO, gar nicht geregelt wurde, ließe sich „spezifischere Vorschriften" außerdem so verstehen, dass die Mitgliedstaaten zum Erlass von strengeren Regelungen ermächtigt seien. Außerdem dürfe die DS-GVO lediglich einen Mindeststandard setzen, welchen die Mitgliedstaaten beliebig erhöhen dürfen.[33]

Hierfür spreche außerdem, dass in der DS-GVO auf die Formulierung bezüglich der Zulässigkeit von Abweichungsmöglichkeiten „in den Grenzen dieser Verordnung", welche bezüglich des Beschäftigtendatenschutzes in der DS-GVO-E(KOM) enthalten war, verzichtet wurde. Dass diese Formulierung in anderen Regelungszusammenhängen, welche nicht den Beschäftigtendatenschutz entsprechen, beibehalten wurde, spreche dafür, dass es sich bei Art. 88 DS-GVO lediglich um Mindeststandards handele.[34]

Als weiterer Grund wird der Entwurf des Parlaments angeführt, welcher die Wendung enthielt: „dass unbeschadet der anderen Vorschriften der Verordnung, die in Abs. 1 genannten Rechtsvorschriften mindestens die folgenden Mindeststandards umfassen". Auch wenn es anschließend die Entwurfsfassung des Rates als

---

31 Körner, NZA 2016, 1383 (1383); Wybitul/Sörup/Pötters, ZD 2015, 559 (561).
32 Maschmann in: Kühling/Buchner, DS-GVO BDSG, Art.88,Rn.29.
33 Düwell/Brink, NZA 2016, 656 (666); Maschmann in: Kühling/Buchner, DS-GVO BDSG, Art.88,Rn.31.
34 Körner, NZA 2016, 1383 (1383).

Kompromissformel in den Art. 88 DS-GVO geschafft hat, besagt diese nicht ausdrücklich, dass es sich bei Art. 88 DS-GVO eben nicht um solche Mindeststandards handele.[35] Des Weiteren wird aufgeführt, dass im Arbeitsrecht regelmäßig keine Vollharmonisierung benötigt werde und eine Mindestharmonisierung vollkommen ausreiche, um ein hinreichendes Schutzniveau zu garantieren.[36]

2.3.5.1.2 Vollharmonisierung

Die Gegenansicht ist der Auffassung, dass die Mitgliedstaaten nicht von den Rahmenbedingungen der Verordnung abweichen dürfen, sondern lediglich Konkretisierungs- und Typisierungsmöglichkeiten, welche das „Wie" betreffen", eingeräumt werden dürfen. Der Hauptgrund dieser Meinung ist, dass die DS-GVO die Vollharmonisierung anstrebe und wenn etwas anderes gelten solle, müsse dies, wie in Art. 88 Abs. 2 DS-GVO, ausdrücklich bestimmt werden. Außerdem habe der EuGH für die Vorgängerin der DS-GVO, für die DSRL, das Prinzip der Vollharmonisierung bereits ausdrücklich betont.[37]

Nach dem Wortlaut lasse sich „spezifischere Vorschriften" auch so auslegen, dass überhaupt Regelungen in diesem Bereich erlaubt seien, es müsse sich nicht zwanghaft um strengere Regeln handeln.[38]

Aufgrund der Entstehungsgeschichte des Art. 88 DS-GVO sei der Entwurf der Kommission ein weiterer Grund für eine Vollharmonisierung, auch wenn es dieser nicht in die endgültige Fassung geschafft hat. Demnach sollen sich die nationalen Regelungen „in den Grenzen dieser Verordnung" halten. Da diese Formulierung sehr Art. 5 DSRL ähnelte und der EuGH für die DSRL die Vollharmonisierung vertrat, seien strengere Regeln deutlich ausgeschlossen gewesen.[39]

Ein weiterer Grund, der für eine Vollharmonisierung spreche, sei der Vergleich mit anderen Öffnungsklauseln. In Art. 85 DS-GVO wird den Mitgliedsstaaten ausdrücklich erlaubt Abweichungen von den Vorschriften der DS-GVO vorzunehmen. Da diese Freigabe bei Art. 88 DS-GVO fehle, werde deutlich, dass die Mitgliedsstaaten hinsichtlich des Beschäftigtendatenschutzes an die Vorgaben der DS-GVO

---

[35] Maschmann in: Kühling/Buchner, DS-GVO BDSG, Art.88, Rn.34.
[36] Wybitul/Sörup/Pötters, ZD 2015, 559 (561).
[37] Maschmann in: Kühling/Buchner, DS-GVO BDSG, Art. 88, Rn.31.
[38] Maschmann in: Kühling/Buchner, DS-GVO BDSG, Art. 88, Rn.33.
[39] Maschmann in: Kühling/Buchner, DS-GVO BDSG, Art. 88, Rn.34.

gebunden bleiben.[40] Außerdem spreche klar für eine Vollharmonisierung, dass die durch die DS-GVO geschaffene Balance zwischen Datenschutz und freiem Datenverkehr gestört werde, wenn die einzelnen Mitgliedsstaaten hinsichtlich des Beschäftigtendatenschutzes strengere Regelungen treffen dürften, welche klar über eine reine Konkretisierung der Vorgaben der DS-GVO hinausgingen.[41]

Letztlich sei vor diesem Hintergrund auch Art. 88 Abs. 2 DS-GVO zu beachten, welcher lediglich von „angemessenen Maßnahmen" und gerade nicht von „maximalen Maßnahmen" spreche. Dies allein sei das entscheidende Kriterium für das unionsweit geltende Niveau des Beschäftigtendatenschutzes.[42]

2.3.5.1.3 Stellungnahme

Für die erste Meinung spricht der Gesetzeswortlaut, wonach „spezifisch" so zu verstehen ist, dass neben den allgemeinen Regelungen auch strengere Regelungen getroffen werden dürfen. Hierfür spricht außerdem, dass die DS-GVO lediglich einen Mindeststandard für eine Vereinheitlichung des Datenschutzrechts in der EU setzt. Außerdem ist es in Art. 88 DS-GVO nicht ausdrücklich festgehalten, dass man keine strengeren Regelungen erlassen darf.

Für die zweite Meinung hingegen spricht, dass einer der Zwecke der DS-GVO das Prinzip der Vollharmonisierung ist. Für die Vorgängernorm, die DSRL, wurde dieses Prinzip vom EuGH auch ausdrücklich betont. Wenn von diesem Prinzip abgewichen werden darf, wird dies in anderen Öffnungsklauseln wie beispielsweise in Art. 85 DS-GVO separat erwähnt. Da eine solche Freigabe in Art. 88 DS-GVO fehlt, müssen sich die Mitgliedstaaten hinsichtlich des Beschäftigtendatenschutzes klar an die Vorgaben der DS-GVO halten und dürfen keine strengeren Regelungen erlassen.

Meines Erachtens stehen den Mitgliedstaaten lediglich Typisierungs- und Konkretisierungsmöglichkeiten zu und sie sind nicht befugt strengere Regelungen zu erlassen. Der Zweck der DS-GVO, einen einheitlichen Datenschutz in der EU einzuführen und dabei das Prinzip der Vollharmonisierung zu wahren, sollten vorrangig behandelt werden. Ausnahmen sind selbstverständlich möglich, jedoch meiner Meinung nach nur dort, wo es die DS-GVO ausdrücklich zulässt. Dass der EuGH das

---

40 Maschmann in: Kühling/Buchner, DS-GVO BDSG, Art. 88, Rn.35.
41 Maschmann in: Kühling/Buchner, DS-GVO BDSG, Art. 88, Rn.38.
42 Maschmann in: Kühling/Buchner, DS-GVO BDSG, Art. 88, Rn.40.

Prinzip der Vollharmonisierung für die DSRL ausdrücklich beton hat, ist ein weiterer Grund, den man nicht unbeachtet lassen darf.

2.3.5.1.4 Einschränkungen durch Art. 88 Abs. 2 DS-GVO: Inhaltliche Mindestanforderungen

Art. 88 Abs. 1 DS-GVO nennt beispielhaft Zwecke, zu denen spezifischere Vorschriften formuliert werden dürfen. Art. 88 Abs. 2 DS-GVO geht auf die inhaltlichen Anforderungen ein und schreibt vor, dass solche formulierten Vorschriften „angemessene und besondere Maßnahmen zur Wahrung der menschlichen Würde, der berechtigten Interessen und der Grundrechte der betroffenen Person" umfassen müssen. Was unter dem Begriff „angemessen" zu verstehen ist, wird deutlich wenn man einen Blick auf die englische Fassung von Art. 88 DS-GVO wirft. Dort wird das Wort „suitable" genutzt. Übersetzt meint dies wohl eher „geeignet" oder „für den Einzelfall passend". Somit sollen für den Einzelfall passende Maßnahmen umgesetzt werden.[43]

Diese Maßnahmen sollen gem. Art. 88 Abs. 2 DS-GVO insbesondere im Hinblick auf die Transparenz der Verarbeitung, die Übermittlung personenbezogener Daten innerhalb einer Unternehmensgruppe und die Überwachungssysteme am Arbeitsplatz eingeführt werden.

2.3.5.1.5 Einwilligung im Beschäftigtenverhältnis

Während in Art. 88 DS-GVO nichts zur Einwilligung zu finden ist, nennt EG 155 die Einwilligung als weiteren Bereich, in dem die Mitgliedstaaten im Rahmen des Art. 88 DS-GVO, spezifischere Vorschriften erlassen können. Hieraus ergibt sich, dass eine Einwilligung als Erlaubnis für die Verarbeitung von Daten im Beschäftigungskontext Beachtung findet.[44]

Gem. Art. 4 Nr. 11 DS-GVO ist eine Einwilligung, „eine freiwillige für den bestimmten Fall, in informierter und unmissverständlich abgegebene Willensbekundung in Form einer Erklärung oder einer sonstigen eindeutigen bestätigenden Handlung, mit der die betroffene Person zu verstehen gibt, dass sie mit der Verarbeitung der sie betreffenden personenbezogenen Daten einverstanden ist".

Von besonderer Bedeutung ist die Freiwilligkeit. Eine Legaldefinition enthält die DS-GVO jedoch nicht. Ungefähr lässt sich der Begriff durch die Formulierung in EG

---

[43] Selk in: Ehmann/Selmayr, Datenschutz-Grundverordnung, Art.88, Rn.113.

[44] Selk in: Ehmann/Selmayr, Datenschutz-Grundverordnung, Art.88, Rn.98 f.

43 beschreiben, wonach die Person eine „echte oder freie Wahl haben" und somit in der Lage sein muss „die Einwilligung zu verweigern oder zurückzuziehen, ohne Nachteile zu erleiden".[45] Ob diese Freiwilligkeit im Beschäftigungsverhältnis gegeben ist, ist äußerst kritisch und höchst umstritten.

2.3.5.1.6 Mangelnde Freiwilligkeit der Einwilligung im Beschäftigtenverhältnis

Eine Meinung in der Literatur ist, dass diese Freiwilligkeit im Beschäftigtenverhältnis nicht gegeben sei. Zwischen dem Arbeitnehmer und dem Arbeitgeber gebe es immer ein Abhängigkeitsverhältnis und der Arbeitnehmer könne häufig nicht frei wählen, ohne die Angst, Nachteile zu erleiden.[46]

2.3.5.1.7 Freiwilligkeit der Einwilligung im Beschäftigtenverhältnis möglich

Eine andere Meinung in der Literatur sagt, dass man die Freiwilligkeit in einem Beschäftigtenverhältnis nicht grundsätzlich verneinen könne. Es komme stets auf die äußeren Umstände an und somit könne die Freiwilligkeit auch innerhalb eines Beschäftigungsverhältnisses gegeben sein.[47]

Außerdem sei es hinsichtlich EG 155 abzulehnen, die Freiwilligkeit im Beschäftigungsverhältnis grundlegend zu verneinen. Gem. EG 155 dürfen die Mitgliedstaaten Regelungen erlassen, dass personenbezogene Daten im Beschäftigungsverhältnis auf Grundlage der Einwilligung des Beschäftigten verarbeitet werden können. Wäre also die Freiwilligkeit im Beschäftigtenverhältnis grundsätzlich zu verneinen, wäre EG 155 sinnlos.[48]

2.3.5.1.8 Stellungnahme

Für eine mangelnde Freiwilligkeit der Einwilligung im Beschäftigtenverhältnis spricht, das Abhängigkeitsverhältnis in welchem sich der Arbeitnehmer befinde. Dies führt regelmäßig zu keiner freien oder echten Wahl, da der Arbeitnehmer Angst vor den Konsequenzen bzw. künftigen Nachteilen haben muss.

Jedoch spricht für die Freiwilligkeit der Einwilligung im Beschäftigungsverhältnis, dass man auch hier nicht pauschalisieren darf. Es kann gut sein, dass in einigen

---

[45]   Stemmer in: BeckOK, Datenschutzrecht, Art.7, Rn.38.

[46]   Simitis in: Simits, BDSG, § 4a Rn. 62; Wisskirchen/Schiller, 1163 (1165).

[47]   Wybitul/Schultze-Melling, Datenschutz im Unternehmen, Kap.2, Rn,170; Wisskirchen/Schiller, 1163 (1165).

[48]   Heckmann/Paschke in: Ehmann/Selmayr, Datenschutz-Grundverordnung, Art. 7, Rn.54.

11

Konstellationen keine Freiwilligkeit bei der Einwilligung gegeben ist, jedoch trifft dies nicht auf alle Konstellationen zu.

Vor diesem Hintergrund und unter Berücksichtigung des EG 155 ist die Freiwilligkeit einer Einwilligung in einem Beschäftigtenverhältnis meines Erachtens nicht grundlegend abzulehnen. Vielmehr muss im Einzelfall, unter Beachtung der individuellen arbeitsvertraglichen Situation, geprüft werden, ob eine Freiwilligkeit bei der Einwilligung gegeben ist.

2.3.6 Mitteilungspflicht

Art. 88 Abs. 3 DS-GVO sieht vor, dass wenn ein Mitgliedstaat von der Öffnungsklausel Gebrauch machen wollte, er die neu geschaffenen nationalen Regelungen sowie die Beibehaltung alter Vorschriften bis zum 25.05.2018 der Kommission melden musste. Die Mitteilungspflicht galt nur für erlassene Rechtsvorschriften und nicht für Kollektivvereinbarungen.[49] So wollte die Kommission den Überblick beibehalten, wer von der Öffnungsklausel Gebrauch gemacht hat.[50]

2.3.7 Zwischenergebnis

Die Veränderungen durch die DS-GVO sind jedenfalls im Beschäftigtendatenschutz nicht besonders schwerwiegend.

Da hinsichtlich des Beschäftigtendatenschutzes in der EU keine einheitliche Regelung möglich war, haben die einzelnen Mitgliedstaaten durch die Öffnungsklausel des Art. 88 DS-GVO weiterhin die Möglichkeit, den Beschäftigtendatenschutz national nach eigenen Wünschen zu regeln. Hierbei müssen sie sich jedoch an die Vorgaben der DS-GVO halten und dürfen aufgrund des Prinzips der Vollharmonisierung keine strengeren Vorschriften erlassen. Teil dieser Vorschriften darf insbesondere auch die Einwilligung des Beschäftigten über die Verarbeitung seiner personenbezogenen Daten im Beschäftigungskontext sein. Eine weitere wichtige Vorgabe von Art. 88 DS-GVO ist außerdem die Zulassung von Kollektivvereinbarungen.

---

[49] Riesenhuber in: BeckOK, Datenschutzrecht, Art. 88, Rn.93.
[50] Selk in: Ehmann/Selmayr, Datenschutz-Grundverordnung, Art. 88, Rn.123 f.

3 Beschäftigtendatenschutz in Deutschland

Am 27.04.2017 hat der Deutsche Bundestag das neue Bundesdatenschutzgesetz beschlossen, welches am 25.05.2018 in Kraft trat und das deutsche Datenschutzrecht an die DS-GVO anpasst. Die durch die DS-GVO eingeräumten Handlungsspielräume der Mitgliedstaaten werden vom deutschen Gesetzgeber durch das BDSG nF genutzt.[51]

§ 26 BDSG nF macht von der Öffnungsklausel des Art. 88 DS-GVO Gebrauch und regelt nun den Beschäftigtendatenschutz in Deutschland. Im Gegensatz zu seiner Vorgängernorm in § 32 BDSG aF hat sich § 26 BDSG nF erheblich verändert. So sind die speziellen Regelungen zur Einwilligung in § 26 Abs. 2 BDSG nF, die Regelung zu den personenbezogenen Daten in § 26 Abs. 3 BDSG nF und die ausdrückliche Ermächtigung an die Tarifvertragspartner gem. § 26 Abs. 4 BDSG nF neu mitaufgenommen worden.[52]

Die Klarstellung in § 26 Abs. 2 BDSG nF, dass Einwilligungen im Beschäftigtenverhältnis grundsätzlich zulässig sind, ist aufgrund der großen Diskussion bezüglich der Freiwilligkeit dieser, begrüßenswert. Hinsichtlich der Freiwilligkeit einer Einwilligung muss der Arbeitgeber insbesondere die im Beschäftigungsverhältnis bestehende Abhängigkeit berücksichtigen. Außerdem muss für den Arbeitnehmer ein rechtlicher oder wirtschaftlicher Vorteil erreicht werden oder er muss dieselben Interessen verfolgen, wie der Arbeitgeber.[53]

Gem. § 26 Abs. 5 BDSG nF wird der Verantwortliche verpflichtet die Grundsätze von Art. 5 DS-GVO auch hinsichtlich des Arbeitnehmerdatenschutzes einzuhalten. Hierdurch sollen die Vorgaben des Art. 88 Abs. 2 DS-GVO erfüllt werden. § 26 Abs. 8 BDSG nF enthält eine Aufzählung derer, die unter Beschäftigte zu zählen sind und konkretisiert hierbei die Auslegung des Beschäftigtenbegriffs in Art. 88 Abs. 1 DS-GVO.[54]

Mit § 26 BDSG nF hält sich der deutsche Gesetzgeber innerhalb des Spielraumes der Öffnungsklausel des Art. 88 DS-GVO auf und greift auf die wichtigsten Vorgaben von diesem zurück.[55]

---

[51] Schmidl/Tannen, DB 2017, 1633 (1633).
[52] Vgl. Wolff in Schantz/Wolff, Das neue Datenschutzrecht, Rn.1343.
[53] Vgl. Wybitul, ZD-Aktuell 2017, 05483, Abs.1 lit.e.
[54] Wolff in Schantz/Wolff, Das neue Datenschutzrecht, Rn.1344.
[55] Wolff in Schantz/Wolff, Das neue Datenschutzrecht, Rn.1345.

4 Bring Your Own Device

In der Theorie hat sich im deutschen Beschäftigtendatenschutz, bis auf ein paar Ausnahmen, nicht wesentlich viel geändert. Die größten Veränderungen liegen darin, dass der Beschäftigtendatenschutz nun nicht mehr nach BDSG aF geregelt ist, sondern in Art. 88 DS-GVO und im BDSG nF, welche den allgemeinen Vorgaben der DS-GVO unterliegen.

Fraglich ist jedoch, wie sich diese Änderungen auf die Praxis auswirken. Dies wird an dem Praxisbeispiel von Bring Your Own Device (BYOD) untersucht. Hierbei wird sowohl geprüft wie sich die Rechtslage geändert hat, als auch welche Vorschriften nun hinsichtlich BYOD beachtet werden müssen und wie diese in der Praxis umzusetzen sind.

Die Trennung von privater Lebensführung und beruflicher Aufgabenerfüllung verschwimmt aufgrund der vielen neuen technischen Möglichkeiten zunehmend.[56] Immer mehr Arbeitnehmer teilen den Wunsch, ihre privaten Geräte dienstlich zu nutzen und so integrieren sie ihr mobiles Datengerät in die IT-Infrastruktur des Unternehmens.[57] Diese Entwicklung ist unter dem Namen „Bring Your Own Device" oder abgekürzt „BYOD" bekannt, was sinngemäß so viel wie „Nutze dein eigenes Gerät" bedeutet. Das Wort "Device" steht jedoch in diesem Zusammenhang nicht nur für IT-Endgeräte sondern auch für Software, wie z.B. Datenbanken und Internet Plattformen.[58]

BYOD bringt sowohl für den Arbeitnehmer, als auch für den Arbeitgeber einige Vorteile. So hat der Arbeitnehmer nicht mehr verschiedene mobile Datengeräte im Einsatz, sondern eines, welches ihm gut vertraut ist und Arbeitgeber haben einen reduzierten Investitionsaufwand, da weniger Geräte angeschafft werden müssen.[59]

Diesen Vorteilen stehen jedoch auch Nachteile gegenüber. So müssen insbesondere bei BYOD viele Datenschutzrechtliche Hürden beachtet werden.

---

[56] Wisskirchen/Schiller, DB 2015, 1163 (1163).
[57] Wolfgang Däubler, Internet und Arbeitsrecht, Rn. 210.
[58] Conrad, Schneider, ZD 2011, 153 (153).
[59] Hoppe in IT-Arbeitsrecht, Rn.616.

4.1 BYOD und seine Erscheinungsformen

Generell kann BYOD in verschiedenen Erscheinungsformen in Unternehmen vorkommen. BYOD im engeren Sinne meint, die dienstliche Nutzung des privaten Smartphones, Tablets oder Notebooks.[60] Hierbei steht das Endgerät im privaten Eigentum des Arbeitnehmers und wird von diesem für private Zwecke benutzt, wobei der Arbeitgeber ihm einen Zugriff auf dienstliche Daten gewährt.[61]

Eine weitere Erscheinungsform von BYOD ist „Choose your own Device" (CYOD). In diesem Fall kann der Arbeitnehmer ein Gerät auswählen, welches ihm der Arbeitgeber vorkonfiguriert und, mit Sicherungsmaßnahmen versehen, auch zur privaten Nutzung bereitstellt.[62] Bei CYOD bleibt der Arbeitgeber die ganze Zeit über Eigentümer und hat bei Beendigung des Arbeitsverhältnisses einen Herausgabeanspruch gegen den Arbeitnehmer.[63]

Die gleichen Eigentumsverhältnisse liegen auch bei der dritten Erscheinungsform von BYOD vor, nämlich bei „Corporate Owned Personally Enabled" (COPE). Im Gegensatz zu COYD ändert sich hier lediglich, dass der Arbeitgeber auch die Geräteklasse verbindlich vorgibt, um so einen einheitlichen Gerätetyp im Unternehmen zu haben, was einige Vorteile mit sich bringt.[64]

Die häufigste Erscheinungsform ist nicht BYOD, sondern CYOD.[65]

4.2 BYOD und Beschäftigtendatenschutz

Gerade vor den bereits oben erwähnten Änderungen im Beschäftigtendatenschutz, stellt sich natürlich die Frage inwieweit sich die datenschutzrechtlichen Grundlagen hinsichtlich BYOD geändert haben und wo es hier zu Problemen in der Praxis kommen kann.

---

[60] Conrad, Schneider, ZD 2011, 153 (153).
[61] Hoppe in: IT-Arbeitsrecht, Rn.620.
[62] Arining/Moos, DB 2013, 2607 (2607).
[63] Hoppe in IT-Arbeitsrecht, Rn.616.
[64] Arining/Moos, DB 2013, 2607 (2607).
[65] Hoppe in: IT-Arbeitsrecht, Rn.616.

4.2.1 Anwendbarkeit der DS-GVO

Gem. Art. 2 Abs.1 DS-GVO gilt die DS-GVO sowohl für die automatisierte als auch nichtautomatisierte Verarbeitung personenbezogener Daten, welche in einem Dateisystem gespeichert sind oder zukünftig gespeichert werden sollen. Unter personenbezogene Daten werden gem. Art. 4 Nr. 1 DS-GVO Informationen, welche sich auf eine identifizierte oder identifizierbare Person beziehen, verstanden. Benutzt ein Arbeitnehmer BYOD hat er regelmäßig Zugriff auf solche personenbezogenen Daten, indem er Unternehmensdaten wie etwa Telefonnummern oder E-Mail Adressen von anderen Beschäftigten, Kunden oder Geschäftspartnern verwendet.[66] Somit sind bei BYOD regelmäßig personenbezogene Daten betroffen, welche ebenfalls verarbeitet und gespeichert werden.

Jedoch findet gem. Art. 2 Abs. 2 lit. c DS-GVO die DS-GVO keine Anwendung, wenn die Verarbeitung der Daten ausschließlich für persönliche oder familiäre Tätigkeiten erfolgt. Im Falle von BYOD erfolgt die Verarbeitung der Daten jedoch gerade nicht für persönliche oder familiäre Tätigkeiten, sondern für dienstliche Zwecke und unterliegt somit den Vorschriften der DS-GVO.[67]

4.2.2 Arbeitgeber als verantwortliche Stelle gem. Art. 4 Nr. 7 DS-GVO

Fraglich ist, wer bei BYOD für die Verarbeitung der personenbezogenen Daten verantwortlich ist. Dies ergibt sich neuerdings aus Art. 4 Nr. 7 DS-GVO. Dieser besagt, dass der Verantwortlicher die natürliche oder juristische Person, Behörde, Einrichtung oder andere Stelle ist, die allein oder gemeinsam mit anderen über die Zwecke und Mittel der Verarbeitung von personenbezogenen Daten entscheidet.

Demnach ist im Falle von BYOD unumstritten der Arbeitgeber als verantwortliche Stelle anzusehen. Ein wichtiges Entscheidungskriterium hierfür ist die Entscheidungsgewalt über Zweck und Mittel der Verarbeitung. Diese kann auch ausgeübt werden, ohne dass der Verantwortliche selbst an der Verarbeitung der personenbezogenen Daten beteiligt ist.[68] Dies liegt beim Arbeitgeber vor, da er die personenbezogenen Daten für die eigenen Zwecke im Rahmen seiner betrieblichen Aktivitäten verarbeitet.[69] Hierfür spricht auch Art. 2 lit. D RL 95/46/EG, welches die fast

---

[66] Wisskirchen/Schiller, DB 2015, 1163 (1163).
[67] Vgl. Conrad/Schneider, ZD 2011, 153 (154).
[68] Klabunde in: Datenschutz-Grudverordnung, Art. 4, Rn. 25.
[69] Helfrich in: Betrieblicher Datenschutz, Teil IV, Kapitel 2, Rn.33.

wortgleiche Vorgängernorm von Art. 4 Nr. 7 DS-GVO ist.[70] Demnach handelt als Verantwortlicher, wer „in letzter Instanz für die Entscheidungen über die Definition und die Durchführung der Verarbeitungen verantwortlich ist. Der Verantwortliche kann die Daten selbst verarbeiten oder durch Mitglieder seines Personals oder auch durch eine mit der Verarbeitung beauftragte Person vornehmen lassen".[71]

Umstritten ist hierbei jedoch, ob der Arbeitnehmer als Auftragsdatenverarbeiter gem. Art. 4 Abs. 8 i.V.m. Art. 28 DS-GVO angesehen werden kann, wenn er die personenbezogenen Daten auf seinem privaten Datengerät verarbeitet und nutzt. Auftragsdatenverarbeiter gem. Art. 4 Abs. 8 DS-GVO ist eine natürliche oder juristische Person, Behörde, Einrichtung oder andere Stelle, welche personenbezogene Daten im Auftrag des Verantwortlichen verarbeitet.

4.2.2.1 Arbeitnehmer als Auftragsdatenverarbeiter

Nach einer Auffassung wird der Arbeitnehmer meist ohne eine nähere Begründung, als Auftragsdatenverarbeiter angesehen.[72]

Denn sobald der Arbeitgeber dem Arbeitnehmer gestatte, die betrieblichen Kunden- oder Mitarbeiterdaten auf seinem privaten Datengerät zu speichern und zu nutzen, werde der Arbeitnehmer automatisch zum Auftragnehmer dieser Personendatenverarbeitung.[73]

Folglich müssten die Vorschriften der Auftragsdatenverarbeitung gem. Art. 28 Abs. 3 S. 2 DS-GVO eingehalten werden und es müsste insbesondere ein detaillierter Vertrag gem. Art. 28 Abs. 3 S. 1 DS-GVO abgeschlossen werden.

4.2.2.2 Arbeitnehmer nicht als Auftragsdatenverarbeiter anzusehen

Die gegnerische Meinung ist der Auffassung, dass der Arbeitnehmer nicht als Auftragsdatenverarbeiter zu bewerten sei.[74]

Aufgrund der arbeitsvertraglichen Beziehung, sei der Arbeitnehmer zum Verantwortungsbereich des Arbeitgebers zu zurechnen, da der Arbeitnehmer die

---

[70] Franzen in: Komt. zum europäischen Arbeitsrecht, Art. 4 Begriffsbestimmungen, Rn.12.

[71] Franzen in: Komt. zum europäischen Arbeitsrecht, Art. 4 Begriffsbestimmungen, Rn.12.

[72] Koch, ITRB 2012, 35 (37); Buchholz in: Taeger, IT und Internet, 2012, S.841.

[73] Koch, ITRB 2012, 35 (37).

[74] Conrad/Schneider, ZD 2011,153 (154); Däubler, Digitalisierung und Arbeitsrecht, §3, Rn.12; Lipp, Bring Your Own Device (BYOD) – Das neue Betriebsmittel, 747; Hoppe in: Kramer, IT-Arbeitsrecht, Rn. 627.

personenbezogenen Daten nicht für eigene Zwecke, sondern im Rahmen seiner arbeitsvertraglichen Pflichten für den Arbeitgeber verarbeitet.[75] Nach dieser Meinung ändere sich hieran auch nichts, wenn sich das Datengerät im Eigentum des Arbeitnehmers befinde.[76] Diese Rechtslage sei vergleichbar mit den Sachverhalten, bei denen der Arbeitnehmer gemietete oder geleaste mobile Datengeräte von Dienstleistungsunternehmen zur Datenverarbeitung gebrauche. In diesen Fällen, bleibe der Arbeitnehmer ebenfalls Teil der verantwortlichen Stelle, solange die Datenverarbeitung in Zusammenhang mit seinen arbeitsvertraglichen Pflichten vorgenommen werde.[77]

Außerdem machen die datenschutzrechtlichen Vorschriften einen klaren Unterschied zwischen Auftragsdatenverarbeiter gem. Art. 4 Abs. 8 DS-GVO und Arbeitnehmern machen. So werden Arbeitnehmer in Art. 4 Abs. 10 DS-GVO als Personen beschrieben, die unter der unmittelbaren Verantwortung des Verantwortlichen oder des Auftragsverarbeiters befugt sind, die personenbezogenen Daten zu verarbeiten.[78]

Anderes gelte nur, wenn der Arbeitnehmer ohne Wissen und Duldung des Arbeitgebers sein privates Datengerät zur Datenverarbeitung einsetze.[79]

4.2.2.3 Stellungnahme

Für die erste Meinung spricht der Gesetzeswortlaut, wonach eine natürliche Person, welche im Auftrag der verantwortlichen Stelle personenbezogene Daten verarbeitet, als Auftragsdatenverarbeiter zu bewerten ist. Im Falle von BYOD verarbeitet der Arbeitnehmer die Daten nicht für eigene Zwecke, sondern auf Anordnung des Arbeitgebers was einen derartigen Auftrag begründen könnte.

Für die zweite Meinung spricht jedoch, dass der Arbeitnehmer die personenbezogenen Daten gerade wegen seiner arbeitsvertraglichen Pflichten verarbeitet und somit dem Unternehmen zugeordnet ist. Weiterhin spricht für die zweite Meinung, dass sich die Zuordnung zum Unternehmen in der Rechtsprechung nicht ändert, wenn ein Unternehmen Datengeräte oder Server von Dienstleistungsunternehmen

---

[75] Helfrich in: Betrieblicher Datenschutz, Teil IV, Kapitel 2, Rn.33.
[76] Monsch, Bring Your Own Device, S. 132; Däubler, Digitalisierung und Arbeitsrecht, §3,Rn. 12.
[77] Monsch, Bring Your Own Device, S. 132.
[78] Vgl. Monsch, Bring Your Own Device, S.133.
[79] Däubler, Digitalisierung und Arbeitsrecht, §3, Rn.12.

mietet oder least. Folglich ist es keine Voraussetzung, dass der Arbeitgeber Eigentümer des Datengerätes ist.

Meines Erachtens kann der Arbeitnehmer nicht als Auftragsdatenverarbeiter angesehen werden, wenn er lediglich seinen arbeitsrechtlichen Pflichten nachkommt. In Art. 4 Abs. 10 DS-GVO wird zu recht ein Unterschied zwischen Arbeitnehmer und Auftragsdatenverarbeiter gemacht, indem verdeutlicht wird, dass der Arbeitnehmer unter Verantwortung der verantwortlichen Stelle oder des Auftragsverarbeiters die Befugnis hat, personenbezogene Daten zu verarbeiten. Damit bleibt er auch nach Wortlaut des Art. 4 Abs. 10 DS-GVO Teil der verantwortlichen Stelle, wenn er personenbezogene Daten auf seinem Datengerät verarbeitet. Des Weiteren wäre es meiner Meinung nach unverhältnismäßig, wenn der Arbeitgeber, als Verantwortlicher, mit jedem Arbeitnehmer, welcher BYOD nutzt, einen detaillierten Vertrag gem. Art. 28 Abs. 3 DS-GVO aufsetzen müsste und die Arbeitnehmer als Auftragsdatenverarbeiter all die Vorschriften gem. Art. 28 Abs. 3 S. 2 DS-GVO einhalten müssten. Aufgrund dieser aufwendigen Verträge lassen sich die Vorschriften für die Auftragsdatenverarbeitung meiner Ansicht nach nur bei der Beauftragung selbstständiger Unternehmen anwenden.

Der Arbeitnehmer wird somit nicht als Auftragsdatenverarbeiter gem. Art. 4 Abs. 8 DS-GVO gesehen, sondern als Teil der verantwortlichen Stelle des Arbeitgebers.

4.2.3 Rechtliche Anforderungen der DS-GVO für BYOD

Wenn der Arbeitgeber BYOD im Unternehmen einführen möchte, muss er einige datenschutzrechtliche Anforderungen beachten.

Welche dies genau sind und inwieweit sie sich durch die neue DS-GVO geändert haben, wird nachfolgend aufgezeigt.

4.2.3.1 Grundsätze für die Verarbeitung personenbezogener Daten gem. Art. 5 DS-GVO

Art. 5 DS-GVO enthält einen Maßnahmenkatalog, was bei der Bearbeitung personenbezogener Daten grundsätzlich beachtet werden muss und stellt damit die Grundbedingungen jeder Datenverarbeitung dar.[80]

---

[80] Vgl. Heberlein in: Ehmann/Selmayr, Datenschutz-Grundverordnung, Art.5, Rn.1.

Er entspricht im Wesentlichen Art. 6 DSRL, welcher ebenfalls die Grundsätze des EU-Datenschutzrechts zusammenfasste. Die Veränderung zu seiner Vorgängerschrift in Art. 6 DSRL besteht darin, dass die Einhaltung der Grundsätze nun auch nachzuweisen ist.[81] Auf nationaler Ebene gibt es keine ähnliche Norm zu Art. 5 DS-GVO. Die einzelnen Grundsätze sind weitestgehend in den Vorschriften des BDSG verteilt.[82]

4.2.3.1.1 Rechenschaftspflicht gem. Art. 5 Abs. 2 DS-GVO

Die verantwortliche Stelle hat gem. Art. 5 Abs. 2 DS-GVO eine Rechenschaftspflicht und ist für die Einhaltung der zentralen Grundsätze des Art. 5 Abs. 1 DS-GVO verantwortlich und muss dessen Einhaltung auch nachweisen können. Diese Rechenschaftspflicht wird durch Art. 24 Abs. 1 DS-GVO konkretisiert. Demnach muss der Verantwortliche technische und organisatorische Maßnahmen ergreifen, welche sicherstellen und den Nachweis erbringen, dass die Verarbeitung im Einklang mit der DS-GVO erfolgt.[83] Dies schließt explizit auch die Anwendung geeigneter Datenschutzvorkehrungen und die Überprüfung der Maßnahmen mit ein, welche der Kontrolle der Aufsichtsbehörden unterliegen.[84]

4.2.3.1.2 Die zentralen Grundsätze des Art. 5 Abs. 1 DS-GVO

Folglich muss der Arbeitgeber sicherstellen, dass die Grundsätze für die Verarbeitung personenbezogener Daten gem. Art. 5 Abs. 1 DS-GVO hinsichtlich der Einführung von BYOD dringend eingehalten werden.

(1) Rechtmäßigkeit

Gem. Art. 5 Abs. 1 lit. a DS-GVO müssen personenbezogene Daten auf rechtmäßige Weise verarbeitet werden. Gem. Art. 8 Abs. 2 GRCh ist die Datenverarbeitung nur dann rechtmäßig, wenn sie auf die Einwilligung der betroffenen Person oder einer sonstigen gesetzlich geregelten, legitimen Grundlage gestützt ist. Unter welchen Voraussetzungen die Verarbeitung von personenbezogenen Daten rechtmäßig ist, ist in Art. 6 DS-GVO zu finden.

---

[81] Schantz in: BeckOK Datenschutzrecht, Art.5, Rn.37.
[82] Pötters in: Gola, DS-GVO, Art.5, Rn.1.
[83] Schantz in: BeckOK Datenschutzrecht, Art.5, Rn.38.
[84] Heberlein in: Ehmann/Selmayr, Datenschutz-Grundverordnung, Art.5, Rn.29.

Hinsichtlich der Einführung von BYOD ist es empfehlenswert, wenn der Arbeitgeber eine speziell auf die BYOD-Situation zugeschnittene Einwilligung des Arbeitnehmers einholt, um der Rechtmäßigkeit der Verarbeitung gem. Art. 6 Abs. 1 lit. b DS-GVO gerecht zu werden.[85]

(2) Verarbeitung nach Treu und Glauben

Des Weiteren müssen die personenbezogenen Daten gem. Art. 5 Abs. 1 lit. a DS-GVO nach Treu und Glauben verarbeitet werden.

Um besser zu verstehen wie „Treu und Glauben" in Art. 5 Abs. 1 lit. a DS-GVO auszulegen ist, hilft die englische Sprachfassung, welche das Wort „fairness" benutzt.[86] Denn bei dem Grundsatz von „Treu und Glauben" in Art. 5 Abs. 1 lit. a DS-GVO geht es um die Gewährleistung einer „fairen" Verarbeitung, womit auf den Schutzzweck der DS-GVO gem. Art. 1 Abs. 2 DS-GVO abgestellt wird.[87] Dieser Grundsatz stellt eine Generalklausel bereit, nach der bestimmte Verarbeitungen personenbezogener Daten als verboten angesehen werden, auch wenn sie allen anderen datenschutzrechtlichen Einzelregelungen entsprechen.[88] Wichtig ist es, die betroffenen Personen vor unklaren Verarbeitungsvorgängen zu schützen (offene Datenerhebung).[89]

(3) Transparenz

Die Transparenz der Verarbeitung ist in Art. 5 Abs. 1 lit. a DS-GVO in Vergleich zu seiner Vorgängernorm des Art. 6 Abs.1 lit. a DSRL neu hinzugekommen. Das Hinzufügen der Transparenz als eigenständigen Grundsatz, hebt die Wichtigkeit der Transparenz, in Bezug auf die Verarbeitung personenbezogener Daten hervor. So soll die betroffene Person die Kontrolle über die Verwendung der eigenen Daten haben. Damit stellt Transparenz einen wichtigen Faktor in Bezug auf die Sicherheit der Daten dar.[90] Gem. EG 39 DS-GVO soll die Verarbeitung der personenbezogenen Daten für die betroffene Person erkennbar gemacht werden. Außerdem sollte sie Informationen über Risiken, Vorschriften, Garantien, Rechte sowie deren

---

85 Vgl. Schmidl in: Corporate Compliance, §28, Rn.248.
86 Vgl. Schantz in: BeckOK Datenschutzrecht, Art. 5, Rn.7.
87 Heberlein in: Ehmann/Selmayr, Datenschutz-Grundverordnung, Art. 5, Rn.9.
88 Reimer in: Sydow, Europäische Datenschutzgrundverordnung, Art. 5, Rn.14.
89 Schantz in: BeckOK Datenschutzrecht, Art. 5 DS-GVO, Rn.9; Pötters in: Gola, Datenschutz-Grundverordnung, Art.5, Rn.9.
90 Heberlein in: Ehmann/ Selmayr, Datenschutz-Grundverordnung, Art. 5 Rn.11.

Geltendmachung erteilt bekommen. Die konkreteren Regelungen zur Transparenz finden sich in Art. 13 und Art. 14 DS-GVO wieder.[91]

Wenn der Arbeitgeber BYOD einführen möchte, sollte er eine Nutzungsvereinbarung bzw. eine Einwilligungserklärung aufsetzen und seine Arbeitnehmer genauestens über die möglichen Risiken etc. aufklären. Insbesondere darüber, wie er die privaten Daten auf den privaten Datengeräten der Arbeitnehmer schützen möchte.[92]

(4) Zweckbindung

Der Zweckbindungsgrundsatz gem. Art. 5 Abs. 1 lit. b DS-GVO stellt einen zentralen Grundsatz des europäischen Datenschutzrechts dar. Art.5 Abs.1 lit. b DS-GVO ist identisch mit seiner Vorgängernorm Art. 6 Abs. 1 lit. b DSRL.[93]

Nach dem Zweckbindungsgrundsatz dürfen personenbezogene Daten nur für solche Zwecke verwendet werden, die vereinbar mit dem Zweck sind, für den sie ursprünglich rechtmäßig erhoben wurden. Eine Zweckänderung darf nur unter den Voraussetzungen des Art. 6 Abs. 4 DS-GVO vorgenommen werden.[94]

Der Zweckbindungsgrundsatz wird in zwei Gebote mit unterschiedlicher Zielrichtung unterteilt, einmal das Gebot der Zweckfestlegung und das Gebot der Zweckbindung.[95]

Nach dem Gebot der Zweckfestlegung gem. Art. 5 Abs. 1 lit. b DS-GVO darf die Verarbeitung der personenbezogenen Daten nur für festgelegte, eindeutige und legitime Zwecke erfolgen. Hierfür bedarf es einem festgelegten Zweck, welcher grundsätzlich vor der Erhebung der personenbezogenen Daten vorliegen muss und zur Erfüllung der Rechenschaftspflicht gem. Art. 5 Abs. 2 DS-GVO schriftlich dokumentiert werden sollte. [96] Der Zweck muss hinreichend bestimmt sein. Ein sehr

---

91 Vgl. Reimer in: Sydow, Europäische Datenschutzgrundverordnung, Art. 5, Rn.16.

92 Vgl. Schmidl in: Corporate Compliance, §28, Rn.248.

93 Franzen in: Franzen/Gallner/Oetker, Komt. zum europäischen Arbeitsrecht, Art. 5, Rn. 5.

94 Wolff in: Schantz/Wolff, Das neue Datenschutzrecht, Rn.400.

95 Schantz in: BeckOK Datenschutzrecht, Art. 5 DS-GVO, Rn.12.

96 Schantz in: BeckOK Datenschutzrecht, Art. 5 DS-GVO, Rn.14; Reimer in: Sydow, Europäische Datenschutzgrundverordnung, Art. 5, Rn.20.

allgemein gefasster Zweck, welcher die Speicherung zu vielen unterschiedlichen Absichten erlaubt, ist unzulässig.[97]

Der Zweck muss außerdem legitim sein, dies liegt vor, wenn er mit der Rechtsordnung insgesamt im Einklang steht, es sich also um einen mit der Rechtsordnung vereinbaren Zweck handelt.[98]

Nach dem Gebot der Zweckbindung gem. Art. 5 Abs. 1 lit. b DS-GVO dürfen die personenbezogenen Daten nicht in einer Weise weiterverarbeitet werden, die mit dem Erhebungszweck unvereinbar ist. Folglich sind die Weiterverarbeitungen an den Erhebungskontext gebunden.[99] Wann genau der Zweck einer Weiterverarbeitung mit dem Erhebungszweck vereinbar ist, wird in Art. 6 Abs. 4 DS-GVO näher erläutert. Demnach spielen hier Faktoren wie inhaltliche Verbindung, Erhebungszusammenhang, Art der Daten, Folgen und Garantien- eine Rolle.[100] Entscheidend ist hier jedoch, inwieweit die betroffen Person zum Zeitpunkt der Erhebung die Weiterverarbeitung erwartet hat. Dies bedeutet, dass die betroffene Person die Zwecke der Weiterverarbeitung schon bei der Erhebung in gewisser Weise vorhersehen musste.[101] Von diesem Grundsatz gibt es lediglich wenige Ausnahmen, wie beispielsweise, wenn die betroffene Person eingewilligt hat. Hier ist es jedoch voraussetzend, dass die Einwilligung den Zweck der Weiterverarbeitung erkennen lässt.[102]

Bezüglich der Einführung von BYOD ist es wichtig, dass der Arbeitgeber im Falle einer Einwilligungserklärung, die Zwecke der Erhebung genauer ausführt und erläutert.[103]

(5) Datenminimierung

Gem. Art. 5 Abs. 1 lit. c DS-GVO müssen die personenbezogenen Daten dem Zweck angemessen und erheblich sowie auf das für die Zwecke der Verarbeitung notwendige Maß beschränkt sein. Diese Formulierung ist erheblich strikter als in ihrer Vorgängernorm des Art. 6 Abs. 1 lit. c DSRL, welche lediglich bestimmte, dass

---

[97] Pötters in: Gola, Datenschutz-Grundverordnung, Art. 5, Rn.14.
[98] Schantz in: BeckOK Datenschutzrecht, Art. 5 DS-GVO, Rn.17.
[99] Schantz in: BeckOK Datenschutzrecht, Art. 5 DS-GVO, Rn.19.
[100] Reimer in: Sydow, Europäische Datenschutzgrundverordnung, Art. 5, Rn.26.
[101] Schantz in: BeckOK Datenschutzrecht, Art. 5 DS-GVO, Rn.21.
[102] Schantz in: BeckOK Datenschutzrecht, Art. 5 DS-GVO, Rn.22.
[103] Vgl. § 26 Abs. 2 S.4 BDSG nF

personenbezogene Daten den Zwecken, für die sie erhoben und verarbeitet werden, entsprechen und erheblich sein müssen. Besonders deutlich wird der Unterschied, wenn man sich die englische Sprachfassung ansieht in welcher das eher unbestimmte „not excessive" durch „limited to the extent necessary" ersetzt wurde.[104] EG 50 der DS-GVO konkretisiert, das personenbezogene Daten somit nur verarbeitet werden dürfen, wenn der Zweck der Verarbeitung nicht in zumutbarer Weise durch alternative Mittel erreicht werden kann. Mit dieser Änderung wird deutlich, dass nicht länger das Verbot eines „Erhebungsexzesses" verfolgt wird, sondern die Grundsätze der Datenvermeidung und Datensparsamkeit.[105] Demnach sind grundsätzlich so wenig personenbezogene Daten wie möglich zu erheben, zu verarbeiten und zu nutzen.[106] Der Grundsatz der Datenminimierung beschreibt eine Zweck-Mittel Relation, durch die Daten nur insoweit verarbeitet werden dürfen, wie es zur Erreichung des festgelegten Zweckes erforderlich ist.[107]

Letztlich muss die Verarbeitung personenbezogener Daten auf das, für die verfolgten Zwecke notwendige Maß, begrenzt sein. Dies bedeutet, dass die Menge der Daten so zu begrenzen ist, dass nicht mehr Daten erhoben werden, als für die Zweckerreichung erforderlich.[108] Somit stellt dies auch ein Verbot der Vorratsdatenspeicherung dar. Unter Vorratsdatenspeicherung versteht man, dass Daten für einen bestimmten Zweck erhoben werden, ohne dass man diese mit hinreichender Sicherheit benötigt.[109]

(6) Richtigkeit

Nach Art. 5 Abs. 1 lit. d DS-GVO muss die Verarbeitung der personenbezogenen Daten sachlich richtig und falls erforderlich auf dem neusten Stand sein.

Der Grundsatz der Richtigkeit der erhobenen und verarbeiteten Daten betrifft das Feld der Datenqualität.[110] Gemäß EG 39 DS-GVO soll der Verantwortliche von sich aus Maßnahmen ergreifen, um sicherzustellen, dass unrichtige personenbezogene Daten gelöscht oder berichtigt werden. Hierbei ist es wichtig, dass der

---

[104] Vgl. Heberlein in: Ehmann/Selmayr, Datenschutz-Grundverordnung, Art.5, Rn.22.

[105] Vgl. Heberlein in: Ehmann/Selmayr, Datenschutz-Grundverordnung, Art.5, Rn.22.

[106] Wolff in: Schantz/Wolff, Das neue Datenschutzrecht, Rn.427.

[107] Rossnagel, ZD 2018, 339 (341).

[108] Herbst in: Kühling/Buchner, DS-GVO, Art. 5, Rn.57.

[109] Schantz in: Schantz/Wolff, Das neue Datenschutzrecht, Rn.426.

[110] Rossnagel, ZD 2018, 339 (341).

Verantwortliche nicht erst tätigt wird, wenn die betroffene Person ihren Anspruch auf Berichtigung gem. Art. 16 Abs. 1 DS-GVO geltend macht.[111]

Aufgrund des Wortes „erforderlichenfalls" lässt sich sagen, dass an die Kontrollen der Daten bei der Erhebung höhere Anforderungen zu stellen sind, als bei der Kontrolle der Richtigkeit von Bestandsdaten.[112] Somit müssen die Daten nicht in jedem Fall auf dem neuesten Stand sein, jedoch muss der Verantwortliche dafür sorgen, dass Informationen, welche die Richtigkeit der Daten anzweifeln, von den richtigen Stellen wahrgenommen und verarbeitet werden.[113] Gem. Art. 5 Abs. 1 lit. d Hs. 2 DS-GVO müssen die für die Verarbeitungszwecke benötigten Daten aktuell gehalten werden, damit der Verantwortliche die Verarbeitung der personenbezogenen Daten mit aktuellen und fundierten Daten umsetzen kann.[114]

(7) Speicherbegrenzung

Gem. Art. 5 Abs. 1 lit. e DS-GVO darf bei der Speicherung von personenbezogenen Daten die Identifizierung der betroffenen Personen nur so lange möglich sein, wie dies für die Verarbeitungszwecke erforderlich ist.

Der Grundsatz der Speicherbegrenzung stellt eine zeitliche Grenze der Verarbeitung dar, um sicherzustellen, dass die Speicherung der Daten beendet wird, sobald dies für die Zweckerreichung nicht mehr erforderlich ist. Damit ergänzt der Grundsatz der Speicherbegrenzung den Grundsatz der Zweckbindung gem. Art. 5 Abs. 1 lit. b DS-GVO, indem die Speicherung personenbezogener Daten zeitlich durch den festgelegten Zweck begrenzt wird.[115] Wird dieser Zweck erreicht müssen die Daten gelöscht oder der Datenträger vernichtet werden.[116] Alternativ können die personenbezogenen Daten auch so verändert werden, dass eine Identifizierung der betroffenen Personen nicht mehr möglich ist z.B. durch Anonymisierung.[117] Gem. Erwägungsgrund 39 S. 12 DS-GVO muss der Verantwortliche die gespeicherten Daten in regelmäßigen Abständen überprüfen, um sicherzustellen, dass die Daten nicht unnötig lange gespeichert werden.

---

[111] Schantz in: BeckOK, Datemschutzrecht, Art. 5, Rn.28.

[112] Schantz in: BeckOK, Datenschutzrecht, Art. 5, Rn.29.

[113] Schantz in: BeckOK, Datenschutzrecht, Art. 5, Rn.29.

[114] Frenzel in: Paal/Pauly, DS-GVO BDSG, Art.5, Rn.41.

[115] Herbst in: Kühling/Buchner, DS-GVO BDSG, Art.5, Rn.64.

[116] Reimer in: Sydow, Europäische Datenschutzgrundverordnung, Art.5, Rn.40.

[117] Reimer in: Sydow, Europäische Datenschutzgrundverordnung, Art.5, Rn.40.

(8) Integrität und Vertraulichkeit

Gem. Art. 5 Abs. 1 lit. e DS-GVO dürfen personenbezogene Daten nur in einer Weise verarbeitet werden, die eine angemessene Sicherheit der personenbezogenen Daten gewährleistet, einschließlich Schutz vor unbefugter oder unrechtmäßiger Verarbeitung und vor unbeabsichtigtem Verlust, unbeabsichtigter Zerstörung oder unbeabsichtigter Schädigung durch geeignete technische und organisatorische Maßnahmen.

Die Begriffe „Integrität" und „Vertraulichkeit" sind in ihrer Funktionalität miteinander verbunden und zielen darauf ab, die personenbezogenen Daten und generell den Vorgang ihrer Verarbeitung, vor geplanten Zugriffen, aber auch vor unbeabsichtigten Beeinträchtigungen zu schützen.[118]

Die Risiken sind hierbei die unbefugte oder unrechtmäßige Verarbeitung, der unbeabsichtigte Verlust, die unbeabsichtigte Zerstörung oder die unbeabsichtigte Schädigung.[119] Unter unbefugter Verarbeitung versteht man, die Verarbeitung durch einen unbefugten Dritten, beispielsweise die Speicherung von Daten durch eine Person, die nicht dem Verantwortlichen zugerechnet werden kann und von diesem auch nicht gewollt ist. Eine unrechtmäßige Verarbeitung liegt hingegen vor, wenn für die Verarbeitung keine Rechtsgrundlage, insbesondere kein Erlaubnistatbestand gem. Art. 6 DS-GVO, besteht.[120] Verlust, Zerstörung oder Schädigung von Daten liegt vor, wenn Daten entweder ganz abhandenkommen oder so verändert werden, dass sie nicht mehr uneingeschränkt für den vorgesehen Zweck verarbeitet werden können.[121] Gem. Erwägungsgrund 39 DS-GVO werden zum Schutz der Daten Maßnahmen vorgesehen, welche Unbefugten den Zugang zu den Daten verwehrt und dafür sorgen, dass Unbefugte weder die Daten noch die Geräte nutzen können. Die Regelungen zur Datensicherheit und zu den technischen und organisatorischen Maßnahmen werden in Art. 32 DS-GVO konkretisiert.

Der Verantwortliche muss hinsichtlich BYOD Maßnahmen ergreifen, welche die Daten gegen unrechtmäßiges Auslesen, Abfragen, Benutzen und Weitergeben schützt.[122]

---

[118] Frenzel in: Paal/Pauly, DS-GVO BDSG, Art.5, Rn.46.
[119] Herbst in: Kühling/Buchner, DS-GVO BDSG, Art.5, Rn.73.
[120] Herbst in: Kühling/Buchner, DS-GVO BDSG, Art.5, Rn.74.
[121] Herbst in: Kühling/Buchner, DS-GVO BDSG, Art.5, Rn.74.
[122] Reimer in: Sydow, Europäische Datenschutzgrundverordnung, Art.5, Rn.46.

4.2.3.2 Pflichten des Verantwortlichen gem. Art. 24 DS-GVO

Art. 24, Art. 25 und Art. 32 DS-GVO übernehmen gemeinsam einige Regelungen des Art. 17 Abs. 1 DSRL. Im Gegensatz zur DSRL enthält Art. 24 DS-GVO jedoch eine Rechenschaftspflicht des Verantwortlichen, sowie die Einführung des sogenannten risikobasierten Ansatz und die Pflicht des Verantwortlichen, durch technische und organisatorische Maßnahmen eine der Verordnung entsprechende Verarbeitung zu gewährleisten.[123]

Die DS-GVO nimmt in besonderem Maße den Verantwortlichen und in abgeschwächter Form den Auftragsverarbeiter in die Pflicht.[124] Welche Pflichten der Arbeitgeber als verantwortliche Stelle gem. Art. 4 Nr. 7 DS-GVO beachten muss, ergibt sich aus Art. 24 ff. DS-GVO. Gem. Art. 24 Abs. 1 DS-GVO muss der Arbeitgeber geeignete technische und organisatorische Maßnahmen zur Sicherstellung der Verarbeitung gemäß der Vorgaben der Verordnung, einsetzen. Werden mobile Datengeräte für die Datenverarbeitung wie bei BYOD verwendet, muss die verantwortliche Stelle anhand von technischen Maßnahmen die Einhaltung des Datenschutzes gewährleisten.[125] Maßnahmen stellen in diesem Sinne alle Handlungen dar, die geeignet sind das Ziel einer Datenschutzkomformität zu erreichen.[126]

Weiterhin besteht gem. Art. 24 Abs. 1 DS-GVO eine Nachweispflicht, wonach der Verantwortliche den Nachweis führen muss, dass er der Pflicht der Einführung von technischen und organisatorischen Maßnahmen nachgekommen ist.[127]

Art. 24 DS-GVO ist eng verzahnt mit Art. 32 DS-GVO, welcher die eher allgemein gehaltenen Aussagen des Art. 24 DS-GVO konkretisiert.[128] Wenn die Verordnung jedoch für verschiedene Fälle keinen spezielleren Normen enthält, stellt Art. 24 DS-GVO eine Generalklausel dar, auf die zurückgegriffen werden kann.[129]

---

[123] Vgl. Piltz in: Gola, Datenschutz-Grundverordnung, Art. 24, Rn.4.

[124] Wolff in: Schantz/Wolff, Das neue Datenschutzrecht, Rn.815.

[125] Helfrich in: Betrieblicher Datenschutz, Teil IV, Kapitel 2, Rn.39.

[126] Schmidt/Brink in: BeckOK Datenschutzrecht, Art. 24, Rn.12.

[127] Wolff in: Schantz/Wolff, Das neue Datenschutzrecht, Rn.828.

[128] Martini in: DS-GVO BDSG, Art. 32, Rn.7.

[129] Wolff in: Schantz/Wolff, Das neue Datenschutzrecht, Rn.822.

4.2.3.3 Datenschutz durch die richtige Technik gem. Art. 25 DS-GVO

Auch Art. 25 DS-GVO übernimmt einige Regelungen von Art. 17 Abs. 1 DSRL jedoch, existierte auf unionsrechtlicher Ebene bislang keine dem Art. 25 DS-GVO absolut entsprechende Regelung. Die Idee der datenvermeidenden Technikgestaltung und Technikauswahl war lediglich in Erwägungsgrund 46 der DSRL erwähnt worden. Dass diese Idee jedoch so intensiv umgesetzt wird, ist im Vergleich zur DSRL neu.[130] Auf nationaler Ebene fand der Ansatz „Datenschutz durch Technik" eine eher geringe Ausprägung in § 3a BDSG aF.[131]

Die Idee hinter Art. 25 DS-GVO ist, dass der Verantwortliche eine höhere Verantwortung auferlegt bekommt und so, durch seine umfangreicheren Kenntnisse das Ziel der Datenminimierung erreicht.[132] Gem. Art. 25 Abs. 1 DS-GVO muss der Verantwortliche geeignete technische und organisatorische Maßnahmen ergreifen, um die Anforderungen der DS-GVO umzusetzen und die Rechte der betroffenen Personen zu schützen.

Art. 25 Abs. 1 DS-GVO verdeutlicht das Gebot der datenschutzfreundlichen Technikgestaltung und das Ziel, den Datenschutz in die Technik zu integrieren.[133] In Art. 25 Abs.1 DS-GVO wird dem Verantwortlichen die Pflicht auferlegt, bereits bei der Ausgestaltung der Datenverarbeitungsvorgänge, also bei der Einführung bestimmter Software etc., Maßnahmen zu ergreifen, welche den Datenschutz berücksichtigen („data protection by design").[134]

Welche Maßnahmen tatsächlich geeignet sind, muss unter Abwägung der in Art. 25 Abs. 1 DS-GVO genannten Kriterien stattfinden. Art. 25 Abs. 1 DS-GVO ist relativ offen formuliert und eröffnet somit einen gewissen Spielraum beim Verantwortlichen, welcher jedoch im Hinblick auf die Sanktionen in jedem Fall eingehalten werden sollte.[135] Der erste Begriff, welcher im Rahmen der Abwägung Beachtung finden soll, ist der „Stand der Technik". Hierunter ist ein entwickeltes Stadium der technischen Möglichkeiten zu einem bestimmten Zeitpunkt zu verstehen, basierend auf entsprechend gesicherten Kenntnissen von Wissenschaft, Technik und

---

[130] Nolte/Werkmeister in: Gola, Datenschutz-Grundverordnung, Art.25, Rn.5.
[131] Nolte/Werkmeister in: Gola, Datenschutz-Grundverordnung, Art.25, Rn.6.
[132] Wolff in: Schantz/Wolff, Das neue Datenschutzrecht, Rn.832.
[133] Wolff in: Schantz/Wolff, Das neue Datenschutzrecht, Rn.835.
[134] Wolff in: Schantz/Wolff, Das neue Datenschutzrecht, Rn.836.
[135] Reto, Mantz in: Sydow, Europäische Datenschutzgrundverordnung, Art.25, Rn.36.

Erfahrung.[136] Einfacher zu verstehen, ist „Stand der Technik" unter dem legaldefinierten Begriff der „besten verfügbaren Technik".[137] Weiterhin sind nach dem Wortlaut von Art. 25 Abs. 1 DS-GVO Art, Umfang, Umstände und Zwecke der Verarbeitung zu berücksichtigen, sowie die möglichen Risiken. Äußerst wichtig ist, dass die Maßnahmen wirksam umgesetzt werden und die Wirksamkeit regelmäßig überprüft wird. Außerdem müssen die Maßnahmen angemessen sein. Dies liegt vor, wenn sie ein den Verarbeitungssituationen angemessenes Schutzniveau vermitteln und Kosten und Nutzen in einem angemessenen Verhältnis zueinander stehen.[138]

Gem. Art. 25 Abs. 2 DS-GVO ist der Verantwortliche verpflichtet, standardmäßig datensparsame Voreinstellungen zutreffen, sodass sichergestellt wird, dass nur personenbezogene Daten verarbeitet werden, deren Verarbeitung für den bestimmten Verarbeitungszweck erforderlich sind („data protection by default").[139]

4.2.3.4 Gewährleistung der Datensicherheit gem. Art. 32 Abs. 1 DS-GVO

Unter Datensicherheit versteht man die Summe aller Maßnahmen, welche zur Sicherstellung eines ordnungsgemäßen Ablaufs der Datenverarbeitung mindestens genauso erforderlich sind, wie die Sicherung von Hard- und Software sowie der Schutz der Daten vor Verlust, Schädigung und Missbrauch.[140]

Um diese Sicherheit der Daten zu gewähren, enthält der Art. 32 DS-GVO Gewährleistungspflichten, welche darauf abzielen, dass ein unzulässiger Umgang mit personenbezogenen Daten verhindert wird und die Verfügbarkeit der Daten durch technische und organisatorische Maßnahmen gewährleistet wird.[141] Diese Maßnahmen sollen durch den Verantwortlichen und evtl. durch den Auftragsverarbeiter festgelegt werden.[142]

Die Vorgängernorm von Art. 32 DS-GVO ist auf unionsrechtlicher Ebene Art. 17 Abs. 1 und 2 DSRL. Im nationalen Recht finden sich die Regelungen in § 9 BDSG aF, bzw.

---

[136] DIN EN 45020:2006, Normung und damit zusammenhängende Tätigkeiten – Allgemeine Begriffe,Ziffer 1.4.

[137] Reto, Mantz in: Sydow, Europäische Datenschutzgrundverordnung, Art.25, Rn.38.

[138] Wolff in: Schantz/Wolff, Das neue Datenschutzrecht, Rn.837.

[139] Vgl. Baumgartner in: Ehmann/Selmayr, Datenschutz-Grundverordnung,Art.25, Rn.13.

[140] Gola/Pötters/Wronka, Handbuch Arbeitnehmerdatenschutz, 7. Aufl. 2016, Rn.462.

[141] Martini in DS-GVO BDSG, Art.32, Rn.1.

[142] Martini in DS-GVO BDSG, Art.32, Rn.8.

in der Anlage zu § 9 BDSG aF wieder.[143] Der Maßnahmenkatalog des Art. 32 Abs. 1 DS-GVO ist von der Formulierung oftmals abweichend zu § 9 BDSG aF, jedoch können die Grundsätze und Überlegungen zu § 9 BDSG aF weiterhin herangezogen werden, wenn man auf den Sinn und Zweck der Vorschriften abstellt.[144] Während die Anlage zu § 9 BDSG aF konkrete Maßnahmen enthielt, enthält Art. 32 DS-GVO, neben zwei konkreten Maßnahmen in Art. 32 Abs. 1 lit. a DS-GVO, überwiegend ausformulierte Datenschutzziele bzw. abstraktere Maßnahmen wie beispielsweise Art. 32 Abs. 1 lit.b und c DS-GVO.[145]

Inwieweit die Sicherheitsmaßnahmen der Anlage des Art. 9 BDSG aF mit den Datenschutzzielen des Art. 32 Abs. 1 DS-GVO übereinstimmen, bleibt nachfolgend zu prüfen.

4.2.3.4.1 Pseudonymisierung und Verschlüsselung personenbezogener Daten

Gem. Art. 4 Nr. 5 DS-GVO wird Pseudonymisierung als diejenigen Daten definiert, die nicht unmittelbar einer Person zugeordnet werden können, dies ist nur unter Kenntnis zusätzlicher Informationen möglich. Die Vorteile der Pseudonymisierung liegen darin, dass diese das Recht auf Datenschutz gem. Art. 8 GRCh und Selbstbestimmung gem. Art. 7 GRCh schützt, aber in Bedarfsfällen die Identität mit der Zuordnungsregel wieder zugeordnet werden kann.[146]

Im Gegensatz zur Pseudonymisierung bleibt bei der Verschlüsselung der Personalbezug erhalten. Hierdurch sollen die Daten lediglich vor Dritten geschützt werden, indem sie nur mit dem „richtigen Schlüssel" eingesehen werden können.[147] Dies entspricht in etwa der Anlage 1 S. 3 zu § 9 BDSG aF, wonach als eine wichtige technische Maßnahme die Verwendung eines dem Stand der Technik entsprechenden Verschlüsselungsverfahren vorgeschlagen wurde.

Bei der Pseudonymisierung und Verschlüsselung von personenbezogenen Daten handelt es sich um konkrete Maßnahmen, welche der Arbeitgeber auch im Hinblick auf BYOD anwenden muss. Bezüglich der Verschlüsselung müsste der Arbeitgeber

---

[143] Vgl. Paulus in: BeckOK, Datenschutzrecht, Art.32, Rn.2.

[144] Paulus in: BeckOK, Datenschutzrecht, Art.32,Rn.6.

[145] Martini in DS-GVO BDSG, Art.32, Rn.30.

[146] Roßnagel, ZD 2018, 243 (243).

[147] Martini in: DS-GVO BDSG, Art. 32, Rn.34.

sicherstellen, dass die personenbezogenen Daten beim Transport bzw. beim Transfer auf das für BYOD vorgesehene Datengerät verschlüsselt sind.[148]

4.2.3.4.2 Dauerhafte Vertraulichkeit und Integrität

Bei Vertraulichkeit, Integrität, Verfügbarkeit und Belastbarkeit handelt es sich um die klassischen Schutzziele der IT-Sicherheit.[149]

Art. 5 Abs. 1 lit. f DS-GVO definiert Integrität und Vertrauen indem die personenbezogenen Daten so verarbeitet werden müssen, dass durch technische und organisatorische Maßnahmen eine angemessene Sicherheit gewährleistet werden kann, wodurch sie besonders vor unrechtmäßiger Verarbeitung und vor unbeabsichtigter Schädigung geschützt sind. Somit sollen besonders Maßnahmen gegen unbefugten Zutritt, Zugang und Zugriff geschaffen werden.[150] Diesen beiden Datenschutzzielen lassen sich weitestgehend die Maßnahmen der Zutrittskontrolle, Zugangskontrolle, Zugriffskontrolle, Weitergabekontrolle und Eingabekontrolle gem. der Anlage 1 S. 2 Nr. 1-4 zu § 9 BDSG aF zuweisen.

(1) Zutrittskontrolle

Durch sogenannte Zutrittskontrollen soll Unbefugten der physische Zutritt zu Datenverarbeitungsanlagen verwehrt werden. Dies ist im Falle von BYOD jedoch schwer umzusetzen, da es sich um mobile Datengeräte handelt, die jederzeit und überall eingesetzt werden können. Es ist höchstens denkbar, den Arbeitnehmer ausdrücklich zu verpflichten, dass Datengerät nicht unbeaufsichtigt und unverschlossen aufzubewahren.[151]

(2) Zugangskontrolle

Besonders wichtig hinsichtlich der Datensicherheit ist es, Unbefugten die Nutzung von Datenverarbeitungssystemen zu verwehren. Als einfachstes Mittel empfiehlt sich hier, den Arbeitnehmer zu einer höchstpersönlichen Nutzung des Endgerätes zu verpflichten, um abzusichern, dass unbefugte Dritte wie etwa Familienangehörige, Freunde oder Bekannte, keinen Zugriff auf die betrieblichen Daten erhalten. Da es jedoch vor allem im familiären Umfeld nicht grundsätzlich ausgeschlossen

---

[148] Hoppe in: IT Arbeitsrecht, Rn.628.

[149] Hladijk in: Datenschutz-Grundverordnung, Art. 32, Rn.8.

[150] Reto Mantz in: Sydow Europäische Datenschutzgrundverordnung, Art. 32, Rn.15.

[151] Monsch, Bring Your Own Device, S.138; Arning/Moos, DB 2013, 2607 (2609).

werden kann, dass das Datengerät weitergegeben wird, sollten auch technische Maßnahmen in Betracht gezogen werden. So sollten die dienstlichen Daten beispielsweise mittels einer Container App von den anderen Daten getrennt und nur mit Hilfe eines sicheren Passwortes einsehbar sein.[152]

(3) Zugriffskontrolle

Der Arbeitgeber muss außerdem sicherstellen, dass Berechtigte nur im Rahmen gültiger Berechtigungen auf die Daten zugreifen können („Need-to-know"-Prinzip). Dies kann durch Konfigurationseinstellungen des Datengerätes gewährleistet werden, die der Arbeitgeber entweder vorgibt oder selbst vornimmt. Um sicherzustellen, dass der Arbeitnehmer nachträglich keine Änderungen an den Einstellungen vornimmt, sollte zusätzlich in der BYOD-Nutzungsvereinbarung aufgenommen werden, dass die Voreinstellungen des Arbeitgebers verpflichtend sind und nicht geändert werden dürfen.[153]

(4) Weitergabekontrolle

Des Weiteren muss gewährleistet werden, dass die personenbezogenen Daten während ihrer Übertragung, ihres Transports oder ihrer Speicherung nicht von Unbefugten gelesen, kopiert, verändert oder entfernt werden können. Dies kann regelmäßig nur durch eine Verschlüsselung der personenbezogenen Daten beim Transport erreicht werden. Dies ist insbesondere über die Verwendung von Zertifikaten, integrierte Verschlüsselungsmechanismen beim Transport oder mittels eines Passwortes möglich.[154]

(5) Eingabekontrolle

Der Arbeitgeber muss außerdem gewährleisten, dass nachträglich überprüft und festgestellt werden kann, ob und von wem personenbezogenen Daten in die hierfür vorgesehenen Datenverarbeitungssysteme eingegeben, verändert oder entfernt werden. Dies kann durch den Einsatz sogenannter Data-Loss-Prevention-Systeme erreicht werden. Diese Systeme ermöglichen eine Netzwerküberwachung und können innerhalb von verschiedenen Systemen identifizieren, überwachen und

---

[152] Monsch, Bring Your Own Device, S.138-139; Arning/Moos, DB 2013, 2607 (2609); Däubler, Digitalisierung und Arbeitsrecht, §3,Rn.17.

[153] Monsch, Bring Your Own Device, S.139-140; Arning/Moos, DB 2013, 2607 (2609); Arning/Moos, Datennutzungsverträge, Teil 4 VI Rn.33.

[154] Monsch, Bring Your Own Device, S. 140; Arning/Moos, DB 2013, 2607 (2609).

schützen. Wichtig ist jedoch, dass bei der Einführung solcher Systeme, das Mitbe-
stimmungsrecht des Betriebsrates gem. § 87 Abs. 1 Nr. 6 BetrVG berücksichtigt
wird, da diese Systeme eine Echtzeitüberwachung der Arbeitnehmer ermögli-
chen.[155]

4.2.3.5 Verfügbarkeit

Ein weiteres klassisches Datenschutzziel des Art. 32 Abs. 1 lit. b DS-GVO ist die Verfügbarkeit. Unter Verfügbarkeit bezeichnet man in der Fachsprache der Informati-
onstechnik die Wahrscheinlichkeit, dass ein System eine geforderte Leistung auch
tatsächlich erbringt. Somit sollen hier Maßnahmen ergriffen werden um den
Schutz vor zufälliger Zerstörung und zufälligem Verlust von Daten zu gewährleisten. Hierzu zählen besonders innere und äußere Einflüsse, wie beispielsweise
Stromausfälle oder Wassereinbrüche. [156]

Dieses Datenschutzziel entspricht der konkreten Maßnahme der Verfügbarkeits-
kontrolle gem. Anlage 1 S. 2 Nr. 7 zu § 9 BDSG aF.

Hier sollte in Bezug zu BYOD sichergestellt werden, dass die Datengeräte bereits
vor Aufnahme des BYOD Einsatzes über Anti-Virusprogramme verfügen. Außerdem sollte in die BYOD-Nutzungsvereinbarung mit aufgenommen werden, dass es
den Arbeitnehmern strengstens untersagt ist, Veränderungen am Datengerät vorzunehmen, welche zu der Umgehung des Anti-Virusprogrammes führen. Des Weiteren sollte der Arbeitnehmer dazu verpflichtet werden, sog. „Jailbreaks" und
„Roots" zu unterlassen. Hierunter wird die Veränderung des Betriebssystems verstanden, um bestimmte Funktionen einzubauen. Außerdem sollte der Arbeitgeber
dem Arbeitnehmer die Nutzung von Cloud-Diensten untersagen, da hier ebenfalls
nicht gewährleistet werden kann, wer von wo auf die personenbezogenen Daten
zugreifen kann. Auch im Hinblick auf die Installation von Apps sollte der Arbeitgeber dem Arbeitnehmer Einschränkungen auferlegen. Einige Apps können die Vertraulichkeit, Integration oder Verfügbarkeit der personenbezogenen Daten gefähr-
den, indem sie beispielsweise das Eindringen von Viren oder Trojanern erleichtern.
Deshalb sollte zusammen mit der IT eine sogenannte „Blacklist" aufgestellt

---

155 Monsch, Bring Your Own Device, S. 141; Arning/Moos, DB 2013, 2607 (2609).

156 Martini in: Paal/Pauly, DS-GVO BDSG, Art. 32 Rn.38; Reto Mantz in: Sydow Europäische Datenschutzgrundverordnung, Art. 32, Rn.16.

werden, auf der sich Apps befinden, welche als sicherheitskritisch eingestuft werden und nicht installiert werden dürfen.[157]

4.2.3.5.1 Belastbarkeit

Der Begriff der Belastbarkeit ist neu mit aufgenommen worden und meint, dass Datenverarbeitungssysteme widerstandsfähig sein sollen und dass ihre Funktion selbst bei starker Auslastung gewährleistet wird.[158] Dies beinhaltet aber auch, Angriffen von außen zu widerstehen und die Systeme anschließend wieder in funktionsfähigen Zustand zu bringen.[159]

4.2.3.5.2 Wiederherstellung von Verfügbarkeit bei Zwischenfall

Nach der Maßnahme in Art. 32 Abs. 1 lit. c DS-GVO soll gewährleistet werden, dass im Falle einer Verletzung der Datensicherheit, die Verfügbarkeit der personenbezogenen Daten und den Zugang zu ihnen rasch widerherzustellen.

Dies bedeutet, dass eine prozessorientierte Notfallplanung mit zugeordneten Wiederanlaufzeiten für die IT-Systeme zu erfolgen hat.[160] Ebenfalls sollte eine Risikoabschätzung vorgenommen und Backups durchgeführt werden, die eine schnelle Wiederherstellung begünstigen.[161]

Wie der Begriff „rasch" auszulegen ist, wird nicht näher konkretisiert. Nach Blick auf die englische Übersetzung „in a timely manner" könnte es auch so viel wie „innerhalb eines angemessen Zeitraums" gemeint sein.[162]

Hinsichtlich der Wiederherstellung der Verfügbarkeit sollte der Arbeitgeber Auftrags- und Verfügbarkeitskontrollen vornehmen, um, beispielsweise durch regelmäßige Backups und Synchronisation mit dem Unternehmensserver, im Problemfall eine zügige Wiederherstellung der Verfügbarkeit zu gewährleisten.[163]

---

[157] Monsch, Bring Your Own Device, S.141-146; Arning/Moos, DB 2013, 2607 (2609).

[158] Martini in: Paal/Pauly, DS-GVO BDSG, Art. 32 Rn.40.

[159] Reto Mantz in: Sydow Europäische Datenschutzgrundverordnung, Art. 32, Rn.17.

[160] Hladijk in: Ehmann Datenschutz-Grundverordnung, Art. 32, Rn.9.

[161] Reto Mantz in: Sydow Europäische Datenschutzgrundverordnung, Art. 32, Rn.18.

[162] Vgl. Hladijk in: Ehmann Datenschutz-Grundverordnung, Art. 32, Rn.9.

[163] Vgl. Hoppe, IT-Arbeitsrecht, Rn. 628.

4.2.3.5.3 Verfahren zur regelmäßigen Überprüfung der Wirksamkeit

Eine weitere Maßnahme gem. Art. 32 Abs. 1 lit. d DS-GVO besteht darin, zur Gewährleistung der Sicherheit der Verarbeitung, die Wirksamkeit der technischen und organisatorischen Maßnahmen regelmäßig einer Überprüfung, Bewertung und Evaluierung zu unterziehen.

Hier können sogenannte Penetrationstests durchgeführt werden. Dies bedeutet, man beauftragt Dritte zu versuchen in das System einzudringen, mit dem Ziel die Sicherheitsmechanismen zu umgehen.[164]

Wie häufig diese Tests vorgenommen werden müssen, hängt von den Risiken und der Bedeutung der verarbeiteten Daten ab.[165]

4.2.3.6 Prüfungsrecht der Aufsichtsbehörde gem. Art. 33 DS-GVO

Art. 33 DS-GVO stellt im Allgemeinen die Kooperationspflicht des Verantwortlichen mit der Aufsichtsbehörde dar. Demnach muss sich der Verantwortliche im Falle einer Verletzung des Schutzes personenbezogener Daten möglichst innerhalb von 72 Stunden bei der Aufsichtsbehörde melden. Solche Verletzungen ziehen regelmäßig einen physischen, materiellen oder immateriellen Schaden mit sich, wie beispielsweise die Gefahren von Diskriminierung, von Identitätsdiebstahl oder Identitätsbetrug.[166] Im Falle von BYOD könnte so eine Verletzung vorliegen, wenn ein Datengerät von einem Arbeitnehmer geklaut wurde und die Daten nicht ausreichend geschützt wurden oder durch Fernlöschung entfernt werden könnten.[167]

4.2.3.7 Zwischenergebnis

Obwohl sich augenscheinlich einiges durch die DS-GVO geändert hat, kommt nach Prüfung der einzelnen datenschutzrechtlichen Anforderungen die Erkenntnis, dass sich oft nur die Paragraphen geändert haben, sie inhaltlich jedoch sehr ähnlich geblieben sind. Vor allem bei den Hindernissen von BYOD gibt es kaum Veränderungen der Rechtslage durch die DS-GVO, sodass man weitestgehend auch ältere Literatur heranziehen kann, insbesondere zu § 9 BDSG aF.

---

[164] Hladijk in: Ehmann Datenschutz-Grundverordnung, Art. 32, Rn.10.
[165] Reto Mantz in: Sydow Europäische Datenschutzgrundverordnung, Art. 32, Rn.21.
[166] Hladijk in: Ehmann/Selmayr, Datenschutz-Grundverordnung, Art.33, Rn.3; Brink in: BeckOK Datenschutzrecht, Art.33,Rn.1.
[167] Wilhelm in: Sydow, Europäische Datenschutzgrundverordnung, Art.33, Rn.7.

4.2.4 Kontroll- und Zugriffsrechte des Arbeitgebers

Wie bereits vorangehend aufgezählt, gibt es einige Dinge, die der Arbeitgeber beachten und umsetzen muss. Oft muss er hierfür auf das Endgerät des Arbeitnehmers zugreifen. Fraglich ist, inwieweit dem Arbeitgeber diese Zugriffs- und Kontrollrechte überhaupt zustehen.

Sofern der Arbeitgeber sich beispielsweise für CYOD entscheidet und er somit der Eigentümer des Datengerätes ist, ist die Frage leicht zu beantworten. In diesem Fall kann der Arbeitgeber aus seinem Eigentumsrecht ein beinahe uneingeschränktes Zugriffsrecht auf das Endgerät ableiten.[168]

Problematischer ist es jedoch, wenn sich das Endgerät im Eigentum des Arbeitnehmers befindet, wie es bei BYOD häufig der Fall ist. In dieser Konstellation hat der Arbeitgeber trotz seiner rechtlichen Weisungsbefugnis hinsichtlich der Unternehmensdaten, keine rechtlichen Ansprüche, um auf das Endgerät zuzugreifen oder Installationen vorzunehmen.[169] Wie bereits festgestellt, kann der Arbeitgeber seinen datenschutzrechtlichen Pflichten ohne diese Kontroll- und Zugriffsrechte jedoch nur äußerst erschwert bis ungenügend nachkommen. Deshalb muss er für sich und ggf. für den Auftragsverarbeiter oder den Datenschutzbeauftragten, für ein Zugriffsrecht auf das private Datengerät des Arbeitnehmers sorgen. Dies sollte zusammen mit dem betroffenen Mitarbeiter und ggf. mit Einbindung des Betriebsrates, unter Beachtung des Grundsatzes der Verhältnismäßigkeit, vertraglich geregelt werden.[170]

4.2.5 Technische Maßnahmen von BYOD in der Praxis

Bezüglich der Nutzung privater Datengeräte für berufliche Zwecke müssen die oben genannten datenschutzrechtlichen Anforderungen dringend eingehalten werden. Wie bereits mehrfach erwähnt, unterliegt der Arbeitgeber als Verantwortlicher der Pflicht gem. Art. 24 Abs. 1 DS-GVO, technische und organisatorische Maßnahmen umzusetzen, welche sicherstellen, dass die personenbezogenen Daten im Sinne der Verordnung erfolgen.

---

[168] Vgl. Jandt/Steidle, CR 2013, 338 (341).

[169] Jandt/Steidle, CR 2013, 338 (341).

[170] Wisskirchen/Schiller, DB 2015, 1163 (1164); Conrad in: Handbuch IT-und Datenschutzrecht, §37, Rn.209.

Auch wenn bereits einige technische Maßnahmen angedeutet wurden, bleibt die Frage, welche technischen Maßnahmen für den Arbeitgeber nicht nur empfehlenswert sind, sondern quasi unumgänglich. Um die Vorgaben der DS-GVO von Art. 5 Abs. 1 und Abs. 2 DS-GVO und insbesondere die Vorgaben der Datensicherheit gem. Art. 32 Abs. 1 DS-GVO einzuhalten, müssen die privaten und betrieblichen Daten auf dem Datengerät des Arbeitnehmers strikt voneinander getrennt werden.[171] Dies ist wichtig, da ansonsten all die Maßnahmen, nicht nur die betrieblichen Daten, sondern auch die privaten Daten des Arbeitnehmers betreffen würden. Diese hätten jedoch vergleichsweise eine erheblich höhere Eingriffsintensität bezüglich ihrer Rechtfertigung und die Grenzen der Gestaltungsfreiheit einer solchen Nutzungsvereinbarung aus den §§ 305 ff. BGB würden erheblich erschwert werden.[172] Eine solche Trennung von privaten und betrieblichen Daten kann regelmäßig nur durch den Einsatz von „Mobile Device Management Tools" bzw. den Einsatz von „Container Apps" erreicht werden.[173]

4.2.5.1 Mobile Device Management

Unter Mobile Device Management Tools versteht man Software, welche auf dem Datengerät des Arbeitnehmers installiert wird und es ermöglicht, das Datengerät zentral zu steuern und technisch abzusichern.[174] Regelmäßig vereinen solche Tools verschiedene Funktionen in einem Tool, wie beispielsweise eine Antivirus Software, ein Dienst zur Ermöglichung von Fernzugriffen oder ein Dienst, welcher in regelmäßigen Abständen Backups der betrieblichen Inhalte vornimmt.[175] Bereits vor Einführung von BYOD sollte geprüft werden, ob das jeweilige Mobile Device Management Tool mit dem jeweiligen Endgerät und des von ihm verwendeten Betriebssystems kompatibel ist.[176]

---

[171] Kremer/Sander in: Koreng/Lachenmann, D.III.4, Anm.5; Wisskirchen/Schiller, DB 2015, 1163 (1163).

[172] Kremer/Sander in: Koreng/Lachenmann, D.III.4, Anm.20.

[173] Arning/Moos, DB 2013, 2607 (2609).

[174] Arning/Moos, DB 2013, 2607 (2609).

[175] Kremer/Sander in: Koreng/Lachenmann, D.III.4, Anm.20.

[176] Monsch, Bring Your Own Device, S. 135.

4.2.5.2 Container Apps

Außerdem können sogenannte Container-Apps als technische Maßnahme einge-setzt werden.[177] Mit deren Hilfe werden die Daten so sortiert, dass die betriebli-chen Daten verschlüsselt, in einem separaten Container liegen, welcher über einen Web-Dienst, d.h. eine besondere Schnittstelle, vom Arbeitgeber administriert wer-den kann.[178] Somit kann der Arbeitnehmer zwischen der privaten Nutzeroberflä-che und der dienstlichen Nutzeroberfläche problemlos hin und her wechseln und dennoch wird sichergestellt, dass nur auf die vom Unternehmen freigegebenen Da-ten zugegriffen werden kann.[179] Zusätzlich sind solche Container-Lösungen oft mit sogenannten Remote-Wipe Mechanismen kombiniert, welche im Falle des Verlus-tes des Datengerätes oder beim Missbrauchsverdacht eine Fernlöschung ermögli-chen.[180]

4.2.5.3 Mitbestimmung des Betriebsrates

Fraglich ist, ob dem Betriebsrat hinsichtlich der Einführung technischer Maßnah-men ein Mitbestimmungsrecht zusteht. Gem. § 87 Abs. 1 Nr. 6 BetrVG hat der Be-triebsrat bei der Einführung von technischen Einrichtungen, die dazu bestimmt sind, das Verhalten oder die Leistung der Arbeitnehmer zu überwachen, ein Mitbe-stimmungsrecht. Hierbei reicht es jedoch schon, wenn die technische Einrichtung potentiell geeignet ist den Arbeitnehmer zu überwachen.[181] Dies ist bei den Mobile Device Management Tools regelmäßig der Fall, weshalb dem Betriebsrat gem. § 88 Abs. 1 Nr. 6 BetrVG ein Mitbestimmungsrecht zusteht.

4.2.6 Organisatorische Maßnahmen von BYOD in der Praxis

Neben den technischen Maßnahmen sollte ein Unternehmen auch verschiedene or-ganisatorische Maßnahmen treffen.

Vor der Einführung von BYOD sollte innerhalb des Unternehmens eine Risikobe-trachtung durchgeführt werden, um zu klären, ob und wie BYOD durchgeführt wer-den soll und in welchen Bereichen die Einführung von BYOD aufgrund hoher

---

[177] Hoppe in: Kramer, IT-Arbeitsrecht, Rn.630.

[178] Jandt/Steidle, CR 2013, 338 (344).

[179] Jandt/Steidle, CR 2013, 338 (344); Hoppe in: Kramer, IT-Arbeitsrecht, Rn.630.

[180] Jandt/Steidle, CR 2013, 338 (344).

[181] Kania in: Erfurter Kommentar zum Arbeitsrecht, §88 BetrVG, Rn.55.

Risiken eher unangebracht wäre.[182] Des Weiteren soll das Risikobewusstsein der Arbeitnehmer, welche BYOD zukünftig nutzen sollen, durch Fortbildungen und Aufklärungskampagnen trainiert werden.[183]

4.2.7 Vertragliche Grundlage für BYOD

Um BYOD rechtssicher im Unternehmen umzusetzen, ist es empfehlenswert mit den Mitarbeitern eine Nutzungsvereinbarung zu schließen, da eine rein technische Lösung für BYOD meist nicht ausreichend ist.[184] Außerdem sollte eine speziell auf die BYOD-Konstellation zugeschnittene Einwilligung des Arbeitnehmers eingeholt werden.[185]

4.2.7.1 Nutzungsvereinbarung

Wird eine individualvertragliche Nutzungsvereinbarung über BYOD abgeschlossen, unterliegt diese den Vorgaben der AGB- Kontrolle gem. §§ 305 ff. BGB. Die Inhalte einer solchen Nutzungsvereinbarung, insbesondere Kontrollrechte des Arbeitgebers, Sicherheitsvorkehrungen und Herausgabepflichten, sind am Maßstab von § 307 BGB zu messen, da diese eine unangemessene Benachteiligung des Arbeitnehmers durch Klauselgestaltung seitens des Arbeitgebers verbietet.[186]

Wenn es im Unternehmen einen Betriebsrat gibt, ist es ratsam, über die Nutzung von BYOD eine Betriebsvereinbarung abzuschließen. Die Vorteile einer Betriebsvereinbarung liegen darin, dass diese unmittelbar und zwingend für die meisten Arbeitsverhältnisse gilt und somit den individuellen Regelungsbedarf erheblich minimiert. Ein weiterer Vorteil ist, dass die Inhalte einer Betriebsvereinbarung nicht an den strengen Vorgaben des AGB-Rechts zu messen sind.[187]

Welche Regelungen in der Nutzungsvereinbarung bzw. in einer Betriebsvereinbarung zwingend enthalten sein müssen, hängt insbesondere vom gewählten BYOD-

---

[182] Jandt/Steidle, CR 2013, 338 (343).
[183] Jandt/Steidle, CR 2013, 338 (343).
[184] Vgl. Wisskirchen/Schiller, DB 2015, 1163 (1165).
[185] Schmidl in: Corporate Compliance, §28, Rn.248.
[186] Hoppe in: Kramer, IT-Arbeitsrecht, Rn.623.
[187] Hoppe in: Kramer, IT-Arbeitsrecht, Rn.625.

Modell, sowie dem Funktionsumfang ab.[188] Regelmäßig sollte eine Nutzungsvereinbarung zu BYOD jedoch folgende Punkte enthalten[189]:

- Voraussetzungen für die Nutzung von BYOD (technische Mindestvoraussetzungen, Freiwilligkeit in Bezug auf BYOD)

- Vertraulichkeit (Alleinige Nutzung des zugangsberechtigten Arbeitnehmers)

- Nutzungsregelungen (Umfang der Nutzung, Änderungsverbot hinsichtlich der vom Arbeitgeber vorgenommen Konfiguration, Beschränkung auf die Software, welche verwendet werden darf, Weitergabe an Dritte, Wartung, Reparatur, Pflicht zum rechtmäßigen Einsatz des Datengerätes, Trennung dienstlicher und privater Nutzung)

- Zugriffs- und Herausgaberechte (Zugriffsrechte zwecks Anpassung der Konfiguration, Abkoppelung vom Unternehmensnetzwerk, Löschrechte)

- Kontrollrechte (Prüfung auf Verstöße wie Jailbreaks oder Rootings, eventuelles hinzuziehen des Betriebsrates oder des Datenschutzbeauftragten beim Missbrauchsverdacht)

- Mitteilungspflichten (im Fall des Verlustes des Datengerät oder des Verdachtes eines rechtswidrigen Zugriffs Dritter)

- Verlust und Haftung (Regelungen zur Haftungsverteilung bei missbräuchlicher Nutzung, Regelungen zur Ersatzpflicht bei Beschädigung oder Verlust des Datengerätes, Keine Haftung des Unternehmens bei Lizenzverstößen)

- Beendigungsregelungen (Herausgabe von geschäftlichen Daten)

Ebenfalls in die Nutzungsvereinbarung mit aufgenommen werden, kann das Verbot der Installation bestimmter Anwendungen auf dem Datengerät.[190] Um die Sicherheit der Daten vor Zugriffen Dritter gem. Art. 32 Abs. 1 DS-GVO zu schützen, kann der Arbeitgeber den Download bestimmter Software untersagen. Hierunter fällt insbesondere auch die Messaging-Anwendung „WhatsApp", da diese all die auf dem

---

[188] Wisskirchen/Schiller, DB 2015, 1163 (1165).

[189] Arning/Moos, DB 2013, 2607 (2615); Schmidl in: Corporate Compliance, §28, Rn.249; Jandt/Steidle, CR 2013, 338 (343); Kremer/Sander in: Koreng/Lachenmann, D.III.4.

[190] Kremer/Sander in: Koreng/Lachenmann, D.III.4 Anm.13.

Datengerät gespeicherten Telefonnummern an den Anbieter in den USA weiterleitet, was ein Verstoß gegen die DS-GVO bedeutet.[191]

Da dieser Zugriff auf das Telefonbuch nicht eingeschränkt werden kann, hat erst vor kurzem der Autozulieferer Continental all seinen Mitarbeitern den Einsatz von Social-Media-Apps wie Whats-App oder Snapchat auf den Diensthandys verboten, um Kundendaten ausreichend zu schützen.[192]

4.2.7.2 Einwilligungserklärung

Zusätzlich zu der Nutzungsvereinbarung wird es dringend empfohlen ebenfalls eine Einwilligungserklärung mit dem jeweiligen Mitarbeiter abzuschließen.[193]

Wie bereits unter Kap. A III Abs.4 lit. c erläutert, ist es höchst umstritten inwieweit eine Einwilligung in einem Beschäftigungsverhältnis freiwillig sein kann.

Ob eine Einwilligung auch für die BYOD-Situation geeignet ist oder ob deren Freiwilligkeit ebenfalls erhebliche Bedenken entgegenstehen, ist ebenfalls fraglich.

Eine Auffassung vertritt die Meinung, dass BYOD meist auf Wunsch des Arbeitnehmers eingeführt werde, da dies für ihn eine enorme Arbeitserleichterung darstelle. Das Hauptargument dieser Auffassung ist jedoch, dass der Arbeitgeber die Nutzung privater Geräte für dienstliche Zwecke nicht einseitig mittels seines Direktionsrechts gem. Art. 106 GewO anordnen könne, da dies über die generellen Arbeitspflichten hinausgehen würde.[194] Deshalb wird es regelmäßig den Arbeitnehmern überlassen, ob diese ihre Datengeräte für dienstliche Zwecke nutzen möchten und selbst bei einer Ablehnung hat der Arbeitnehmer keine Nachteile zu befürchten. Da die Arbeitnehmer nun diese Wahlmöglichkeit haben, könne der Arbeitgeber BYOD davon abhängig machen, dass der Betroffene ausdrücklich in den Zugriff auf das Gerät zu einem bestimmten Zweck einwillige.[195]

Eine andere Auffassung greift hier jedoch auf, dass trotz der Wahlmöglichkeit ein gewisser Druck zur Abgabe der Einwilligung auch bei BYOD bestehe. Arbeitnehmer

---

[191] Kremer/Sander in: Koreng/Lachenmann, D.III.4 Anm.13.
[192] Strünkelnberg, Datenschutzbedenken: Continental verbietet WhatsApp und Snapchat auf Dienst-Handys.
[193] Schmidl in: Corporate Compliance, §28, Rn.248.
[194] Brachmann, AuA 2018, 680 (681).
[195] Brachmann, AuA 2018, 680 (681).

könnten fürchten, beim Arbeitgeber negativ aufzufallen, wenn dieser vorhat, BYOD unternehmenseinheitlich oder aufgrund von Kosteneinsparungen, einzuführen.[196]

Noch andere Teile der Literatur sind der Auffassung, dass eine Einwilligung in flexiblen Verarbeitungsszenarien, aufgrund erheblicher Umsetzungsschwierigkeiten, ohnehin nicht in Betracht komme. Vor allem die datenschutzrechtliche Einwilligung sei oftmals nur mit hohem Zeit- und Kostenaufwand möglich.[197]

Ob die Einwilligung des Arbeitnehmers in Bezug auf BYOD komplett freiwillig erfolgt, bleibt im Einzelfall zu prüfen, da hier regelmäßig auch die Gründe des Arbeitgebers für eine BYOD Einführung beachtet werden müssen.[198]

Regelmäßig kann jedoch mit Blick auf § 26 Abs. 2 BDSG nF von der Freiwilligkeit ausgegangen werden, da diese demnach gegeben ist, wenn Arbeitnehmer und Arbeitgeber gleichgelagerte Interessen verfolgen. Im Hinblick auf BYOD sollte dies regelmäßig vorliegen, da meist die Arbeitnehmer ebenfalls die Einführung von BYOD wünschen und somit die gleichen Interessen wie der Arbeitgeber verfolgen.[199]

Die Einwilligung sollte je nach BYOD-Konstellation individuell formuliert werden.[200] Nach Art. 7 Abs. 2 DS-GVO ist nicht mehr zwingend die Schriftform einzuhalten. Nach Erwägungsgrund 32 zur DS-GVO kann die Einwilligung nun auch elektronisch oder mündlich erklärt werden. Dem hat der deutsche Gesetzgeber durch das BDSG nF jedoch einen Riegel vorgeschoben, in dem es gem. § 26 Abs. 2 S. 3 BDSG nF weiterhin die Schriftform fordert.

Die Einwilligungserklärung des Arbeitnehmers sollte dringend folgende Punkte erhalten:

- Benennung der Parteien insbesondere der verantwortlichen Stelle

- Darstellung der betroffenen Datenkategorien (sämtliche Daten, welche währen der privaten und betrieblichen Nutzung anfallen werden, sämtliche Inhalts- sowie Nutzungsdaten)

- Information über wesentliche technische Details (z.B. Speicherdauer)

---

[196] Vgl. Arning/Moos in: Datennutzungs- und Datenschutzverträge, Teil 4, VI, Rn.24.

[197] Niemann in: Rechtsfragen des Cloud Computing, Kap.5, Rn.71.

[198] Arning/Moos, DB 2015, 1163 (1165).

[199] Kremer/Sander in: Koreng/Lachenmann, D.III.4 Anm.21.

[200] Schmidl in: Corporate Compliance, §28, Rn.248.

- Darstellung der Zwecke der Datenerhebung, der Zwecke der Datenverarbeitung und der Zwecke der Datennutzung
- Widerrufsrecht nach Art. 7 Abs. 3 DS-GVO
- Befugnisse des Unternehmens (Zugriff auf das Datengerät und die darauf gespeicherten Daten)

4.2.8 Haftung

Zu den für die Unternehmen wichtigsten Änderungen der DS-GVO gehört die Haftung der Verantwortlichen und des damit verbundenen verschärften Bußgeldkatalogs.

Gem. Art. 82 Abs. 2 DS-GVO haftet der an der Verarbeitung beteiligte Verantwortliche für alle Schäden, welche durch eine nicht der Verordnung entsprechende Verarbeitung verursacht werden. Diese Norm stellt klar, dass schon die reine Beteiligung an dem Verarbeitungsvorgang ausreicht und es sich nicht explizit um eine schädigende Handlung handeln muss.[201]

Gem. Art. 81 Abs. 1 DS-GVO steht jeder Person, welche aufgrund eines Verstoßes gegen die DS-GVO, ein materieller oder immaterieller Schaden entstanden ist, einen Anspruch auf Schadensersatz gegen den Verantwortlichen zu. Anspruchsberechtigt ist hierbei jede natürlich Person, deren Daten nach Maßgabe der DS-GVO zu behandeln sind.[202] Der Begriff „Verstoß gegen die Verordnung" ist hierbei so zu bewerten, dass kein Verstoß gegen die Grundsätze gem. Art. 5 DS-GVO vorliegen darf.[203] Wird gegen die Grundsätze des Art. 5 DS-GVO verstoßen, können gem. Art. 83 Abs. 5 DS-GVO, je nach Verstoß, Strafen bis zu 20 Millionen Euro bzw. für Unternehmen eine Geldbuße i.H.v. 4% des weltweiten Jahresumsatzes herangezogen werden.

In Bezug zu BYOD ist es somit unausweichlich, dass der Arbeitgeber dafür Sorge trägt, dass die oben genannten Maßnahmen umgesetzt werden und diese insbesondere den Anforderungen des Art. 5 DS-GVO und des Art. 32 DS-GVO gerecht werden.

---

[201] Frenzel in: Paal/Pauly, DS-GVO, Art.82, Rn.13.
[202] Frenzel in: Paal/Pauly, DS-GVO, Art.82, Rn.7.
[203] Frenzel in: Paal/Pauly, DS-GVO, Art.82, Rn.8.

5 Fazit und Ausblick

Das Thema Datenschutz ist so aktuell wie nie und wird auch, angesichts der weiteren Entwicklung des Internets und der Digitalisierung ein wichtiges Thema bleiben. Durch die Datenschutz-Grundverordnung konnte überwiegend eine europaweite, einheitliche Grundlage für den Schutz natürlicher Personen, bei der Verarbeitung personenbezogener Daten, erzielt werden. Dies war hinsichtlich des Beschäftigtendatenschutzes aufgrund von Unstimmigkeiten zwischen den Mitgliedstaaten leider nicht möglich, weshalb die Öffnungsklausel des Art. 88 DS-GVO geschaffen wurde. Wie Art. 88 DS-GVO auszulegen ist, ist teilweise sehr umstritten und es bleibt abzuwarten wie dies, unter anderem durch den EuGH, zukünftig festgelegt wird. Aufgrund dieser Öffnungsklausel sind die Veränderungen im Beschäftigtendatenschutz durch die neue DS-GVO eher gering. Der deutsche Gesetzgeber hat mit § 26 BDSG nF die Öffnungsklausel leider nicht genutzt um hinsichtlich des Beschäftigtendatenschutzes endlich Klarheit zu schaffen, sondern hat lediglich die wenigen Veränderungen recht allgemein umgesetzt.

Dementsprechend sind die Veränderungen für die Praxis eher gering einzuschätzen wie am Beispiel von BYOD aufgezeigt wurde. Hinsichtlich BYOD sind jedoch eine Menge datenschutzrechtliche Anforderungen zu beachten, die sich zwar an sich nicht groß geändert haben, vor dem erheblich strengeren Strafrahmen der DS-GVO jedoch dringend einzuhalten sind. Somit müssen die Vorgaben von Art. 5 und Art. 32 DS-GVO eingehalten werden, was regelmäßig nur unter der Trennung von privaten und geschäftlichen Daten stattfinden kann. Neben technischen Maßnahmen ist es empfehlenswert BYOD auch vertraglich durch Nutzungsvereinbarungen oder Betriebsvereinbarungen zu regeln und außerdem eine individuell auf den Mitarbeiter zugeschnittene Einwilligungserklärung einzuholen.

Rechtsprechungsverzeichnis

EuGH EuGH Urt. v. 30.05.1991 – C-361/88, EuZW 1991, 440 – Kommission/Deutschland.

EuGH EuGH Urt. v. 20.03.1996- C-96/95, NVwZ 1998, 48.

EuGH EuGH, Urt. v. 8.4.2014 – C-293/12, C-594/12 – Digital Rights Ireland Ltd, NJW 2014, 2169, Rn. 66.

EuGH EuGH, Urt. v. 11.11.2015 – C-422/14, Curia – Pujante Rivera.

Literaturverzeichnis

Albrecht/Jotzo Das neue Datenschutzrecht der EU, 1. Aufl., Hamburg 2017.

Arning/Moos Bring Your Own Device – Eine Entscheidungshilfe zur daten-schutz- und lizenzkonformen Einführung im Unternehmen, DB 2013, S.2607-2615.

Auer-Reinsdorff/Conrad Handbuch IT- und Datenschutzrecht, 2. Aufl.,München 2019.

Brachmann Bring your own device (BYOD), AuA 2013, S.680-684.

Conrad / Schneider Einsatz von „privater IT" im Unternehmen – Kein privater USB Stick, aber „Bring your own device" (BYOD)? ZD 2011,153.

Däubler Digitalisierung und Arbeitsrecht, 6. Aufl., Frakfurt 2018.

Däubler Internet und Arbeitsrecht – Web 2.0, Social Meida und Crowdwork, 5. Aufl., Frankfurt 2015.

DIN EN 45020:2006 Normung und damit zusammenhängende Tätigkeiten – Allgemeine Begriffe (ISO/IEC Guide 2:2004).

Düwell/Brink Die EU-Datenschutz-Grundverordnung und der Beschäftigtenda-tenschutz, NZA 2016, 665.

Ehmann/Selmayr Datenschutz- Grundverordnung, 1. Aufl., München 2017.

Forgó/Helfrich/Schneider Betrieblicher Datenschutz, 2. Aufl. Müchen, 2017.

Forst Beschäftigtendatenschutz im Kommissionsvorschlag einer EU-Daten-schutzverordnung, NZA 2012,364.

Franzen Datenschutz-Grundverordnung und Arbeitsrecht, EuZA 2017, 313.

Franzen/Gallner/Oetker Kommentar zum europäischen Arbeitsrecht, 2. Aufl. München 2018.

Gola Datenschutz-Grundverordnung, Wiesbaden 2017.

Gola/Pötters/Wronka Handbuch Arbeitnehmerdatenschutz, 7. Aufl., Wiesba-den 2016.

Hauschka/Moosmayer/Lösler Corporate Compliance, 3. Aufl., München 2016.

Jandt/Steidle One Device Fits All? – Ein Endgerät für mehrere Arbeitgeber, CR 2013, S. 338-344.

Kilian/Heussen Computerrechts-Handbuch, Informationstechnologie in der Rechts- und Wirtschaftspraxis, 34. Ergänzungslieferung, München 2018.

Koch Arbeitsrechtliche Auswikungen von "Bring your own Device", ITRB 2012, S. 35-39.

Koreng/Lachenmann Formularhandbuch Datenschutzrecht, 2. Aufl., München 2018.

Körner Die Reform des EU-Datenschutzes: Der Entwurf einer EU-Datenschutz-Grundverordnung (DS-GVO)- Teil II, ZESAR 2013, S.153-159.

Körner Die Datenschutz-Grundverordnung und nationale Regelungsmöglichkeiten für Beschäftigtendatenschutz, NZA 2016, 1383.

Kort Die Zukunft des deutschen Beschäftigtendatenschutzes – Erfüllung der Vorgaben der DS-GVO, ZD 2016, 555.

Kramer IT-Arbeitsrecht, 1.Aufl., München 2017.

Kühling/Buchner Kommentar zum DS-GVO BDSG, 2. Auflage, München 2018.

Lipp Bring your own device (Byod) – das Neue Betriebsmittel, DSRITB 2013, 747.

Monsch Bring Your Own Device, Berlin 2017.

Moos Datenschutz- und Datennutzungsverträge, 2. Aufl., Köln 2018.

Müller-Glöge/Preis/Schmidt Erfurter Kommentar, 18. Aufl., Erfurt 2018.

Paal/Pauly Beck'sche Kompakt Kommentare DS-GVO BDSG, 2. Aufl., München 2018.

Radlanski Das Konzept der Einwilligung in der datenschutzrechtlichen Realität, Tübingen 2016.

Rossnagel Datenschutzgrundsätze – ein unverbindliches Programm oder verbindliches Recht?, ZD 2018, 339.

Roßnagel Pseudonymisierung personenbezogener Daten, ZD 2018, 243.

Säcker/Rixecker/Oetker/Limperg Münchener Kommentar zum BGB, 7 Aufl., München 2015.

Schmidl/Tannen Das neue Bundesdatenschutzgesetz: die wichtigsten Regelungen für die Unternehmspraxis, DB 2017, S.1633-1640.

Simitis Bundesdatenschutzgesetz, 8. Aufl., Frankfurt 2014.

Sydow Europäische Datenschutzgrundverordnung, 1. Aufl., Baden-Baden 2017.

Taeger IT und Internet – mit Recht gestalten, Oldenburg 2012.

Wisskirchen/Schiller Aktuelle Problemstellungen im Zusammenhang mit „Bring Your Own Device", DB 2015, 1163.

Wolff/Brink BeckOK Datenschutzrecht, 24. Edition, 2018.

Wybitul Der neue Beschäftigtendatenschutz nach § 26 BDSG-neu – was Arbeitgeber und Beschäftigte über den geplanten Datenschutz am Arbeitsplatz wissen sollten, ZD-Aktuell 2017, 05483.

Wybitul/Schultze-Melling Datenschutz im Unternehmen: Handbuch, 2 Aufl., Frankfurt 2014.

Wybitul/Sörup/Pötters Betriebsvereinbarungen und § 32 BDSG: Wie geht es nach der DS-GVO weiter?- Handlungsempfehlungen für Unternehmen und Betriebsräte, ZD 2015,559.

Internetquellen

Der Europäische Datenschutzbeauftragte Entwicklungsgeschichte der Daten-
schutz- Grundverordnung, abrufbar unter: https://edps.europa.eu/data-
protection/data-protection/legislation/history-general-data-protection-
regulation_de, aufgerufen am 20.07.2018. Zit.: Der Europäische Datenschutzbeauftrage: Entwicklungsgeschichte der Datenschutz-Grundverordnung.

Thomas Strünkelnberg Datenschutzbedenken: Continental verbietet WhatsApp
und Snapchat auf Dienst-Handys, 05.06.2018, abrufbar unter:
https://www.heise.de/newsticker/meldung/Datenschutzbedenken-Con-
tinental-verbietet-WhatsApp-und-Snapchat-auf-Dienst-Handys-
4068318.html, aufgerufen am 10.08.2018. Zit.:Strünkelnberg, Datenschutzbedenken: Continental verbietet WhatsApp und Snapchat auf
Dienst-Handys